Gernot Römer · „Jüdisch versippt“

Gernot Römer

„Jüdisch versippt“

Schicksale von „Mischlingen“ und
nichtarischen Christen in Schwaben

Mit einem Beitrag von Liora Seewi

Wißner

Anmerkungen:

... in zitierten Texten bedeuten Auslassungen.

[ ] bedeuten Einfügungen, die der Autor zum besseren Verständnis in zitierten Texten vorgenommen hat.

Fast alle Fotos stammen aus Privatbesitz. Ausnahmen sind mit Namen gekennzeichnet

Die Deutsche Bibliothek – CIP-Einheitsaufnahme

„Jüdisch versippt" : Schicksale von „Mischlingen" und nichtarischen Christen in Schwaben / Gernot Römer. Mit einem Beitr. von Liora Seewi. – Augsburg: Wißner, 1996
ISBN 3-89639-041-4
NE: Römer, Gernot; Seewi, Liora

Lektorat und Gestaltung: Michael Friedrichs
Umschlaggestaltung: Alfred Neff
Druck: Pressedruck- und Verlags-GmbH Augsburg

Inhalt

Vorab

Das „Gesetz zum Schutze des deutschen Blutes und der deutschen Ehre" ist in wenigen Augenblicken gelesen. An seinen Folgen dagegen trugen und tragen viele Menschen ihr Leben lang. Wurde doch am 15. September 1935 aus ihrer Ehe sozusagen über Nacht eine Mischehe, aus Sohn, Tochter, Enkel ein Mischling. Ehen und Verlobungen gingen damals in die Brüche, aus jüdischen und nichtjüdischen Verliebten wurden Straftäter, Mischlinge waren plötzlich Ausgestoßene ohne Freunde und Freundinnen.

Aber das Gegenteil hat es ebenfalls gegeben. In vielen Fällen haben die „arischen" Partner treu zum „nichtarischen" gestanden, es haben auch Freundschaften gehalten. Das ebenfalls anzumerken verlangt die historische Redlichkeit.

Die „jüdisch Versippten", wie sie im Nazi-Jargon genannt wurden, sowie die Mischlinge haben nicht alle Schikanen, von denen die Juden betroffen waren, zu spüren bekommen. Wenn sie deportiert wurden, dann meist erst in der Endphase des Dritten Reichs, und ihre Kinder wurden nicht in Konzentrations-, sondern in Arbeitslager verbracht. Aber das ändert nichts daran, daß auch viele dieser Menschen zu den grausam Verfolgten des nationalsozialistischen Regimes zählen. Der Antisemitismus des Dritten Reichs hat ihr Leben verändert, nicht nur damals, sondern bis heute. Insbesondere von den einst zu Mischlingen erklärten jungen Leuten leben noch viele unter uns. Hätten sie wie Arier die Schulen besuchen können, hätten ihnen die Hörsäle der Universitäten offengestanden und alle Berufe, dann wären viele Lebenswege anders verlaufen.

Den nichtarischen Christen und den Mischlingen haben die Historiker bisher eher beiläufig Aufmerksamkeit geschenkt. Hängt das damit zusammen, daß dieser Personenkreis ein ähnliches, aber nicht das gleiche Schicksal wie die „Volljuden" erlitten hat und die meisten mit dem Leben davongekommen sind? Verstellt das Böse in seiner schlimmsten Form den Blick auf diese Gruppe? Oder liegt die Ursache darin, daß die wahnwitzigen Rassengesetze der Nazis so kompliziert sind, daß selbst die Behörden des Dritten Reichs sie kaum zu durchschauen vermochten? Es ist damals unendlich viel Papier mit Erläuterungen bedruckt und geschrieben worden. Selbst Graphiken wurden angefertigt, um darzustellen, was unter Viertel-, Halb-, Dreiviertel- und Volljuden zu verstehen sei, was ein Halbjude mosaischen Glaubens sei usw. Geholfen haben die Erläuterungen offenbar nicht allzu viel. Die Behandlung der von den Rassengesetzen betroffenen Menschen fiel ganz unterschiedlich aus.

Zahlen sind abstrakt, Gesetze und Ausführungsbestimmungen allenfalls für Juristen und Beamte spannend zu lesen. Vor allem besagen sie nicht, wie Männer, Frauen, Kinder sie erlebt und erlitten haben. Deshalb schildert auch dieses Buch des Autors, eines Journalisten, vor allem Schicksale. Es maßt sich auch nicht an, die Haltung der Kirchen zu den „nichtarischen Christen" umfassend auszuleuchten. Es greift allenfalls einige Beispiele heraus.

Die meisten Kapitel dieses Buches geben „oral history" wieder, also mündlich überlieferte Geschichte. Berichte von Zeitzeugen sind von vielen Historikern lange Zeit wenig geschätzt worden, weil es ja geradezu sprichwörtlich ist, daß Erinnerungen verblassen. Aber das gilt in erster Linie für den normalen Alltag und für friedliche Lebensperioden. Traumatische Ereignisse wie Lebensbedrohung und Verfolgung dagegen werden entweder verdrängt oder sie prägen sich dem Gedächtnis für lange Zeit mit einem hohen Maß an Genauigkeit ein. Eine Erkenntnis der Psychologen, die der Autor auch bei der Arbeit an diesem Buch wieder bestätigt gefunden hat. Nicht wenige Gesprächspartner erinnerten sich selbst an Daten und Wochentage noch präzise und – wie Überprüfungen ergaben – in allen Fällen richtig. Doch ist das ein Wunder? Wer am eigenen Leibe die Nürnberger Rassengesetze verspürt hat, trägt daran meist sein Leben lang.

Nicht alle Personen, deren Schicksale dieses Buch schildert, werden mit Namen genannt. Einige befürchten neue Verletzungen und Schwierigkeiten, wenn ihre jüdische Abstammung bekannt würde, andere wollten es aus Rücksicht auf ihre Kinder und Kindeskinder nicht. Diesen Wünschen hat der Autor entsprochen. Er hat sich aber auch gefragt, ob es also statt selbstverständlicher Solidarität mit den Menschen, die Opfer beispielloser Intoleranz waren, immer noch Vorurteile und Benachteiligung gibt. Dem entgegenzuwirken ist das Anliegen dieses Buches.

Gernot Römer

„ ... eine solche Hoffnungslosigkeit"

„Wer Jude ist, bestimme ich!" Ob dieser dem Reichsmarschall Hermann Göring zugeschriebene Ausspruch wahr oder erfunden ist: Er trifft die Wirklichkeit des nationalsozialistischen Rassenwahns auf den Kopf. Mit den Nürnberger Gesetzen von 1935 – dem „Reichsbürgergesetz" und dem „Gesetz zum Schutze des deutschen Blutes und der deutschen Ehre" – bestimmte der Staat, wer Jude war und wer nicht. Da konnte ein Mann ein noch so gläubiger Katholik sein: wenn sein Vater und seine Mutter jüdisch waren, wurde der Katholik für die Hitler-Diktatur wieder zum Juden und damit zu einem Verfolgten. Die Nationalsozialisten in ihrem Wahn vom deutschen Blut interessierte nicht, was einer glaubte. Sie erklärten die Juden zur „artfremden Rasse" und wollten sie ausrotten: zuerst durch Vertreibung aus Deutschland, später im gesamten europäischen Herrschaftsbereich des Dritten Reichs durch Vernichtung.

Wieso gab es eigentlich getaufte Juden? Nun, in zahlreichen Fällen aus den gleichen Gründen, aus denen Katholiken evangelisch und Evangelische katholisch werden: Aus religiösen. Der Glaubenswechsel hatte oft aber auch andere Ursachen:

- Er sollte die Eintrittskarte in den erstrebten Beruf sein, weil selbst ihre Gleichberechigung den Juden nicht alle beruflichen Chancen geöffnet hatte;
- weil sie nicht länger zur religiösen Minderheit gehören wollten, sondern zur Mehrheit;
- weil sie „ganz deutsch" sein wollten;
- und weil die Erinnerung an die jahrhundertelange Verfolgung der Juden tief saß: „Unseren Kindern soll es besser ergehen."

Die Nürnberger Gesetze im Herbst 1935: Das eine macht aus nichtarischen Reichsbürgern Staatsangehörige mit geringeren politischen Rechten; das andere hat zur Folge, daß viele Menschen urplötzlich in einer Mischehe leben oder als Mischlinge gelten. Der Begriff der Mischehe ist damals nicht neu. Er wird in den Kirchen verwendet, wenn ein Katholik ein evangelisches Mädchen ehelicht oder umgekehrt. Die Bezeichnung Mischling für die Nachkommen aus Mischehen dagegen ist ein Denkstück des Staatssekretärs Stuckart und des Ministerialrats Lösener. Sie erfinden das Wort nicht neu. Es wird seit langem verwendet für die Nachkommen von Eltern unterschiedlicher Rassen – die Mulatten (Weiße und Schwarze) oder die Bastaards (Buren und Hottentotten in Südafrika) zum Beispiel. In den Augen der deutschen Rassenfanatiker sind alle aus solchen Blutsmischungen hervorgegangenen Kinder minderwertig; und genau in diesem Sinne soll der Begriff Mischling den Nachkommen aus Beziehungen zwischen jüdischen und nichtjüdischen Partnern ein Kainsmal aufdrücken. Das Wort ist böse gemeint.

Mischling ist für die Nazis aber nicht gleich Mischling: Es gibt Mischlinge ersten Grades und zweiten Grades; es wird von Halbjuden, Vierteljuden,

Dreivierteljuden gesprochen oder auch von Halbariern; und bei den Mischehen gibt es privilegierte (also bevorzugte) und solche, die als nicht privilegiert gelten. Sind keine Kinder vorhanden und ist der Mann deutschblütig, so ist die jüdische Frau vor vielen Verfolgungsmaßnahmen geschützt – im umgekehrten Fall nicht. Haben die Eheleute Kinder und werden die Kinder nicht im jüdischen Glauben erzogen, gilt die Familie ebenfalls als privilegiert. – Bei jüdischer Erziehung dagegen ist sie es nicht. Privilegierte Ehen sind aber wiederum nur so lange privilegiert, wie der deutschblütige Mann oder die getauften Kinder leben. Sterben sie, so ist die jüdische Frau sogleich allen Schikanen ausgeliefert. Die Beispiele lassen sich mehren.

Die Verfolgung von Halbjuden setzt nicht erst 1935 mit den Nürnberger Gesetzen ein. Schon das „Gesetz zur Wiederherstellung des Berufsbeamtentums"

„Ich erkläre hierdurch"

Ich erkläre hierdurch öffentlich, daß ich und meine ganze Familie

Christen

sind und mit Judentum und Judenschaft in gar keiner Beziehung stehen.

Lindau-Reutin, 2. April 1933

Dr. med. Otto Davidson
prakt. Arzt.

1468

Unter welchem Leidensdruck muß der Lindauer Arzt Dr. Otto Davidson gestanden haben, als er sich dazu durchrang, diese Anzeige im „Lindauer Tagblatt" zu veröffentlichen. Das Datum 2. April 1933 macht den Anlaß deutlich: Am Tag zuvor waren vor allen jüdischen Geschäften, Anwaltskanzleien und Arztpraxen SA-Posten aufgezogen, um Kunden, Klienten und Patienten zum Boykott zu veranlassen. Das geschah auch vor der Praxis des evangelisch getauften Lindauer Arztes. Und wie demütigend muß es für ihn gewesen sein, als er wenige Tage später gezwungen wird, öffentlich auf seine jüdische Abkunft hinzuweisen. Für die Nazis war er nicht

Meine Erklärung vom 2. April ergänze ich dahin, daß ich mit Judenschaft und Judentum in keiner Beziehung stehe; ich bin jedoch am 23. März 1870 zu Hildesheim als **Sohn des Moses Davidson** geboren u. erst am 18. Juli 1905 **christlich** getauft worden.

Lindau-Reutin, 5. April 1933

1540 **Dr. med. Davidson**

christlich, sondern jüdisch – und das mehr als zwei Jahre vor den Nürnberger Rassengesetzen. Ab 1938 durfte Dr. Davidson nicht mehr als Arzt tätig sein, 1945 wurde er nach Theresienstadt deportiert. Er überlebte und ließ am 14.9.1945 im Amtsblatt der Stadt seine Patienten wissen, daß er seine ärztliche Tätigkeit wieder aufgenommen habe.

vom 7. April 1933 kostete Beamte und Angestellte des Staats mit jüdischen Eltern oder Großeltern ihre Stellungen. Beispielsweise muß im Oktober 1934 der Direktor der Inneren Abteilung des Städtischen Krankenhauses in Augsburg den Hut nehmen. Er ist mütterlicherseits nichtarisch. Deshalb lehnt die Reichsversicherungsanstalt für Angestellte den Professor Dr. Friedrich P. als Gutachter ab. Es haben sich aber auch bereits Patienten geweigert, sich von dem bekannten Arzt untersuchen zu lassen. Da hilft es Professor P. nichts, daß er bereit ist, die Gutachten künftig vom Oberarzt anfertigen zu lassen. „Die zur Entscheidung über Versicherungs- und Versorgungsansprüche berufenen Behörden legen aber in der Regel Wert darauf, daß die von ihnen für erforderlich gehaltenen Gutachten nicht vom Oberarzt, sondern von dem leitenden Arzt des Krankenhauses bzw. der einschlägigen Abteilung des Krankenhauses erstattet werden. Es ist daher zu erwarten, daß das städtische Krankenhaus Augsburg von den Versicherungsträgern und den Versorgungsbehörden weniger in Anspruch genommen wird, solange Dr. P. Direktor des städtischen Krankenhauses ist, und daß daraus der Stadt finanzielle Nachteile erwachsen. Auch ist dem Stadtrat Augsburg darin beizupflichten, daß es zu Schwierigkeiten im Krankenhausbetrieb führen muß, wenn Patienten die Behandlung durch Professor Dr. P. abzulehnen befugt sind", heißt es in einem am 6. Oktober 1934 an den Reichsstatthalter in München gerichteten Schreiben des bayerischen Innenministeriums. Schneller als sonst bei Behörden üblich, entscheidet der Statthalter der Reichsregierung in Bayern wenige Tage später, daß der Dr. P. in den Ruhestand versetzt wird. Ein Beispiel, das zugleich deutlich macht, wie auch scheinbar unpolitische Institutionen wie die Versicherungsanstalt für Angestellte an der Judenverfolgung mitgewirkt haben – und auch Patienten!

„Lange Zeit ging es Mischlingen besser als den Volljuden und sie blieben von dem Schlimmsten verschont", urteilt ein Historiker rückblickend. Natürlich dürfen sie nicht Mitglieder der NSDAP, der SS oder der SA werden – aber darauf werden die meisten ohnehin gern verzichtet haben. Zwar sind ihnen außer der Beamtenlaufbahn auch Berufe, u.a. die des Arztes und des Journalisten, verboten. Aber nach der „Reichskristallnacht" im November 1938 können sie im Gegensatz zu den Volljuden Schmuck, Autos, Führerscheine behalten. Es wird ihnen nicht die Juden-Vermögensabgabe abverlangt und sie dürfen Konzerte, Theater, Kinos und Restaurants besuchen – zumindest auf dem Papier treffen Mischlinge viele der die Volljuden drangsalierenden Maßnahmen nicht.

Den Alltag indes erleben die Betroffenen teilweise ganz anders. Dieses Buch liefert Beispiele dafür. Außerdem lebt der Mensch nicht mit dem Gesetz allein. Da sind die „Freunde", Bekannten, Nachbarn, Vermieter, die plötzlich nichts mehr von den Mischlingen oder

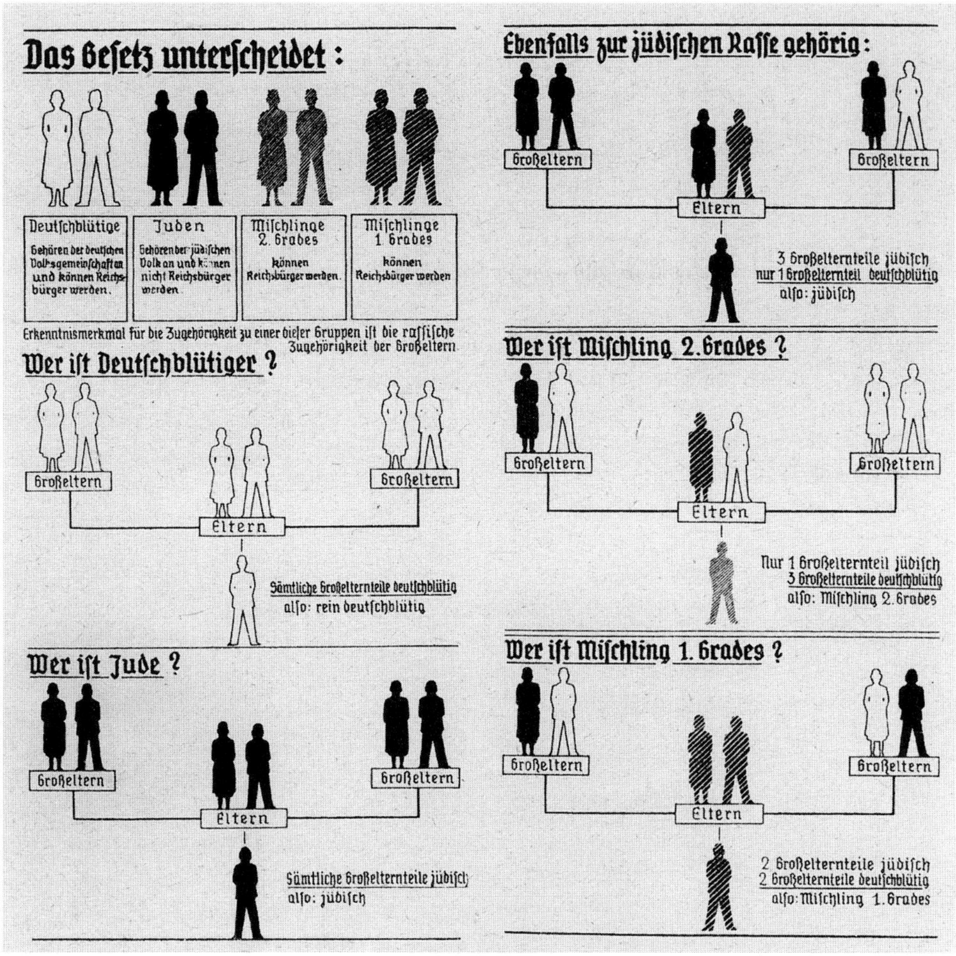

Wer ist deutschblütig, Jude, Mischling …? In Max Eichlers Informationsschrift „Du bist im Bilde“ versuchten die Nazis die komplizierten Nürnberger Rassengesetze zu veranschaulichen (siehe auch die beiden folgenden Seiten).

Entnommen „Juden – Christen – Deutsche“

in Mischehen lebenden Familien wissen wollen. Da ist die ständige Angst, die Nazis könnten sie über Nacht genau so behandeln wie die Volljuden. Und welchen Spannungen dürften viele der etwa 30 000 Mischehen ausgesetzt gewesen sein durch den Druck auf den nichtjüdischen Partner, sich scheiden zu lassen. In der Reichsregierung wird 1942 ernsthaft der Vorschlag erörtert, alle Mischehen aufzulösen. Sorge vor der Reaktion des Papstes bringt den Wahnwitz zu Fall. Jedoch wird festgelegt, daß die Gerichte auf Antrag des deutschblütigen Teiles oder des Staatsanwaltes Mischehen scheiden müssen. Und bedeutet es auf Dauer keine Belastung einer Ehe, wenn der

arische Teil Theater, Kinos, Restaurants besuchen darf und der jüdische nicht; wenn der eine Partner zu den Angehörigen in einem anderen Ort reisen darf, dem anderen nicht erlaubt ist, die Stadtgrenze zu überschreiten? Nicht zu vergessen, daß auch jüdische Familienväter aus Mischehen nach dem November-Pogrom 1938 in die Konzentrationslager eingeliefert werden und anschließend Zwangsarbeit verrichten müssen. Der Deportationsbefehl bleibt dem jüdischen Partner lange Zeit erspart, aber in der letzten Phase des Dritten Reichs werden viele dann doch aus Familie und Umgebung gerissen und weggebracht; in der Mehrzahl nach Theresienstadt, die meisten überleben dort.

Über den Verheirateten dürfen die Verlobten und Verliebten nicht vergessen werden. Das „Gesetz zum Schutze des deutschen Blutes und der deutschen Ehre“ macht Rasseschänder aus dem jüdischen Mann oder der jüdischen Frau. Um zu verhindern, daß die Beziehungen in „wilden Ehen“ fortgesetzt würden, ordnet der Chef der Gestapo,

Reinhard Heydrich, im Januar 1937 „eine unauffällige Bewachung dieser Personen“ an.

Gelegentlich stolpern die Nationalsozialisten über die Stricke ihrer eigenen Politik. Ab Ende 1938 müssen die meisten Juden ihre Wohnungen aufgeben und sich in „Judenhäusern“ zusammenpferchen lassen. Sollen in Mischehen lebende Familien ebenfalls dorthin eingewiesen werden? Man möchte schon gern wollen … Aber die Konsequenz könnte sein, daß die erwachsenen Söhne in den Uniformen des Reichsarbeitsdienstes und der Wehrmacht ihren Urlaub in diesen Judenhäusern verbringen. Das darf nicht sein! Hitler selbst verhindert diese schizophrene Situation.

Überhaupt bereitet das Thema „Wehrmacht und Mischlinge“ den Nazis Kopfzerbrechen. Einerseits will der Führer auf keinen waffenfähigen Mann verzichten; andererseits sind in seinen Augen die Mischlinge minderwertig. Ein Entscheidungs-Zickzack ist die Konsequenz:

– 1933: Reichswehrminister v. Blom-

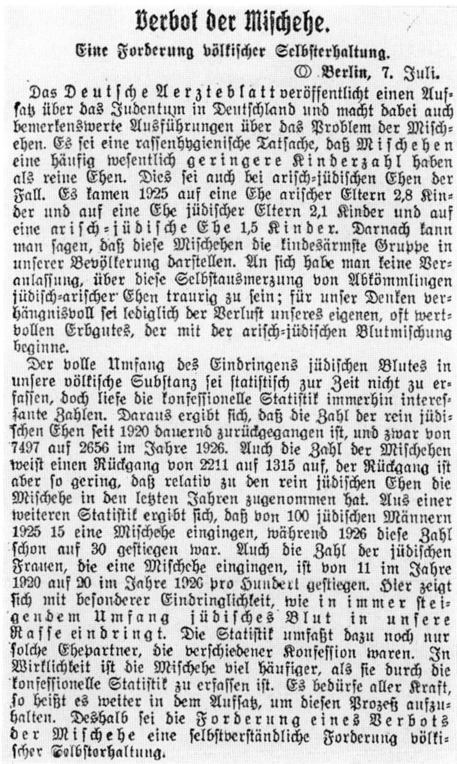

Verbot der Mischehe.

Eine Forderung völkischer Selbsterhaltung.

◎ Berlin, 7. Juli.

Das Deutsche Aerzteblatt veröffentlicht einen Aufsatz über das Judentum in Deutschland und macht dabei auch bemerkenswerte Ausführungen über das Problem der Mischehen. Es sei eine rassenhygienische Tatsache, daß Mischehen eine häufig wesentlich geringere Kinderzahl haben als reine Ehen. Dies sei auch bei arisch-jüdischen Ehen der Fall. Es kamen 1925 auf eine Ehe arischer Eltern 2,8 Kinder und auf eine Ehe jüdischer Eltern 2,1 Kinder und auf eine arisch-jüdische Ehe 1,5 Kinder. Darnach kann man sagen, daß diese Mischehen die kindesärmste Gruppe in unserer Bevölkerung darstellen. An sich habe man keine Veranlassung, über diese Selbstausmerzung von Abkömmlingen jüdisch-arischer Ehen traurig zu sein; für unser Denken verhängnisvoll sei lediglich der Verlust unseres eigenen, oft wertvollen Erbgutes, der mit der arisch-jüdischen Blutmischung beginne.

Der volle Umfang des Eindringens jüdischen Blutes in unsere völkische Substanz sei statistisch zur Zeit nicht zu erfassen, doch liefe die konfessionelle Statistik immerhin interessante Zahlen. Daraus ergibt sich, daß die Zahl der rein jüdischen Ehen seit 1920 dauernd zurückgegangen ist, und zwar von 7497 auf 2656 im Jahre 1926. Auch die Zahl der Mischehen weist einen Rückgang von 2211 auf 1315 auf, der Rückgang ist aber so gering, daß relativ zu den rein jüdischen Ehen die Mischehe in den letzten Jahren zugenommen hat. Aus einer weiteren Statistik ergibt sich, daß von 100 jüdischen Männern 1925 15 eine Mischehe eingingen, während 1926 diese Zahl schon auf 30 gestiegen war. Auch die Zahl der jüdischen Frauen, die eine Mischehe eingingen, ist von 11 im Jahre 1920 auf 20 im Jahre 1926 pro Hundert gestiegen. Hier zeigt sich mit besonderer Eindringlichkeit, wie in immer steigendem Umfang jüdisches Blut in unsere Rasse eindringt. Die Statistik umfaßt dazu noch nur solche Ehepartner, die verschiedener Konfession waren. In Wirklichkeit ist die Mischehe viel häufiger, als sie durch die konfessionelle Statistik zu erfassen ist. Es bedürfe aller Kraft, so heißt es weiter in dem Aufsatz, um diesen Prozeß aufzuhalten. Deshalb sei die Forderung eines Verbots der Mischehe eine selbstverständliche Forderung völkischer Selbsterhaltung.

Aus „Der Altmühlbote" vom 21. 7. 1933

berg entläßt bis auf die Frontkämpfer des Ersten Weltkriegs alle Berufssoldaten jüdischer Abstammung.

– 1935: Ausschluß vom aktiven Wehrdienst, wenn ein Elternteil oder ein Großelternteil jüdischer Religion ist. „Wehrfähige Dienstpflichtige nichtarischer Abstammung" können allerdings beantragen, zum aktiven Wehrdienst zugelassen zu werden. Wer nicht aufgenommen wird, muß Wehrsteuer bezahlen.

– 1936: Nach dem neuen Wehrgesetz müssen alle Mischlinge ersten und zweiten Grades, die nicht als Juden gelten, aktiven Wehrdienst leisten. Sie können aber nicht befördert werden.

– 1940 im Januar: Der Zweite Weltkrieg ist im Gange. Das Oberkommando der Wehrmacht verfügt, daß Mischlinge, die Unteroffiziere und Mannschaftsdienstgrade erreicht haben, im gleichen Rang wieder eingezogen werden. In Mischehen lebende Arier können bis zum Feldwebel aufsteigen.

– 1940 im April: Hitler befiehlt, daß alle Mischlinge ersten Grades und mit Jüdinnen oder Mischlingen ersten Grades verheiratete Männer zur Ersatzreserve II überwiesen werden. In ihren Wehrpässen wird „n.z.v." (nicht zu verwenden) vermerkt. Mischlinge zweiten Grades und Soldaten, die mit Mischlingen zweiten Grades verheiratet sind, dürfen in der Wehrmacht bleiben und können – bei Genehmigung durch das Führerhauptquartier – befördert werden. Besonders Tapfere können für „deutschblütig" erklärt werden.

– 1941 im Juli: Mischlinge ersten Grades wie auch Ehemänner von Jüdinnen und Mischlingen ersten Grades müssen entlassen werden. Ausnahmen sind möglich, „falls sich die Betreffenden durch hervorragende Tapferkeit und Beweise soldatischer Einsatzbereitschaft im Kriege besonders bewährt und eine Auszeichnung des Dritten Reichs erhalten haben."

– 1942: Erlaß über die Verwendung von jüdischen Mischlingen im Wehrdienst: „Für die Dauer des Krieges dürfen Mischlinge als Vorgesetzte weiter verwendet werden. Mischlinge, die nach dem 8. April 1940 ohne Genehmigung des Führers einberufen worden sind, dürfen bei der Wehrmacht bleiben, wenn sie einen entsprechenden Antrag stellen.“

In den Schulen

Muster:

Nachweisung der Rassezugehörigkeit der die öffentlichen und privaten Volkshauptschulen, Volksfortbildungsschulen, Berufsschulen besuchenden reichsdeutschen[1]) Kinder.

Land ....

Regierungsbezirk ....

1	2	3	4	5	6	7	8			
							Von der Gesamtzahl der Spalte 6 sind			
Heftrand	Gemeinde (Stadtbezirk)	Zahl der Volljuden (Beide Eltern oder 4 Großelternteile jüdisch)	Zahl der 3/4-Juden (1 Elternteil, 3 Großelternteile jüdisch)	Zahl der 1/2-Juden (1 Elternteil, 2 Großelternteile jüdisch)	Gesamtzahl der Spalten 3–5	Zahl der 1/4-Juden (1 Großelternteil jüdisch)	mosaisch	katholisch	evangelisch	Frontkämpferkind.
							a	b	c	d

Nachweisung für schulpflichtige Privatschüler:

9		10				11
Von d. Gesamtzahl d. Sp. 6 besuchen eine jüd. Bekntn.-Sch.		Errichtung einer jüd. Volksschule (Voll- bis 1/2-Nichtarier) bei einer Richtzahl von 20 Kindern ist möglich			unmöglich	Bemerkungen
Privat-Schule	öffentliche Schule	in der Gemeinde selbst	unter Hinzuziehung der Nachbargemeinde	nur unter Auflösung der jüdischen Bekenntnisschule		
a	b	a	b	c		

Die braunen Verfolger sparten keinen Bereich aus: Auch in den Schulen wurden im Herbst 1935 nichtarische Schüler und Schülerinnen „erfaßt“.

(Aus dem „Schwäbischen Schulanzeiger“ Nr. 19 / 1935)

Die Schulen: Diskriminierungen nichtarischer Schüler setzen schon bald nach Hitlers Machtergreifung ein – teils durch nationalsozialistische Schulleiter und Lehrer, teils auch durch Mitschüler. 1935 beabsichtigt Reichserziehungsminister Bernhard Rust, alle nichtarischen Kinder aus den öffentlichen Schulen auszuschließen und für sie ohne Rücksicht auf das Religionsbekenntnis Sammelschulen einzurichten. Das beweist auch ein Briefentwurf im Archiv des Bistums Augsburg. Er ist undatiert. Aus dem Schriftstück geht auch nicht hervor, wer da den Reichserziehungsminister von seinen Plänen abbringen wollte. Außerdem ist nicht klar, ob das Schreiben abgeschickt worden ist. Eindeutig herauszulesen ist jedoch die Absicht der Nationalsozialisten, daß allein jene Kinder künftig von

Wie in Preußen so in Bayern

Bek. d. Staatsmin. f. Unt. u. Kult. v. 6. 8. 35 Nr. VIII 37852 über die Rücksichtnahme auf Nichtarier in den Schulen.

Der Herr Reichs- und Preußische Minister für Wissenschaft, Erziehung und Volksbildung hat für die preußischen Schulen die nachstehende Anordnung erlassen:

„Ich habe Anlaß, nachdrücklich darauf hinzuweisen, daß die Hauptaufgabe auch des Schulunterrichts — die Erziehung zu nationalsozialistischer Weltanschauung und Staatsgesinnung — durch Rücksicht auf Angehörige anderer Anschauungen niemals gehemmt werden darf. Wieweit etwa Nichtarier von Fall zu Fall von einzelnen Unterrichtsstunden und Schulfeiern befreit werden sollen, überlasse ich dem pflichtmäßigen Ermessen der Schulleiter.

J. V.: gez. Dr. Stuckart.“

Nach dieser Anordnung ist auch an den bayerischen Schulen zu verfahren.

(Aus dem „Schwäbischen Schulanzeiger“ Nr. 17 / 1935)

einer Sammelschule (Judenschule) verschont bleiben sollen, bei denen nur ein Großelternteil nichtarisch ist. Dazu kommt es damals nicht, doch das Ziel einer „arischen Schule“ verliert das Dritte Reich nie aus den Augen.
1938 ist der Erziehungsminister seinem Ziel ein Stück nähergekommen. Nach der „Reichskristallnacht“ teilt Rust in einem Erlaß mit, daß „die Rassentrennung im Schulwesen zwar im allgemeinen bereits durchgeführt [ist], doch ist ein Restbestand jüdischer Schüler auf den deutschen Schulen übriggeblieben, dem der gemeinsame Schulbesuch mit deutschen Jungen und Mädeln nicht weiter gestattet werden kann.“ Wer vom Erlaß betroffen ist, das richtet sich nach dem Nürnberger Reichsbürgergesetz. Am 20. Juli 1942 wird für die weiterführenden Schulen der Schlußstrich gezogen: „Mischlinge ersten Grades sind nicht mehr in Hauptschulen, Mittelschulen und höhere Schulen aufzunehmen. Die Aufnahme von Mischlingen zweiten Grades ist zulässig, soweit die Raumverhältnisse es ohne Benachteiligung der Schüler deutschen und artverwandten Blutes gestatten. In Berufs- und Fachschulen können Mischlinge ersten Grades ausnahmsweise mit besonderer Genehmigung aufgenommen werden.“ Und die Universitäten? Spätestens ab 1940 waren deren Tore Mischlingen 1. Grades verschlossen.
Wer das schreckliche Schicksal der Volljuden zum Maßstab nimmt, der könnte immer noch der Auffassung sein, daß es den in Mischehen lebenden und aus Mischehen hervorgegangen Menschen vergleichsweise gut geht. Der Wahrheit näher kommt allerdings dieser Bericht über eine Tagung evangelischer Geistlicher in Eisenach am 25. Oktober 1938. Darin heißt es, daß es über die Nürnberger Gesetze hinaus Verordnungen gebe, die zum Teil nicht veröffentlicht seien und nach denen die Staatspolizeistellen ihre Maßnahmen richteten: „Auf Grund dieser Tatbestände ist es den nichtarischen Christen fast unmöglich innerhalb der deutschen Volksgemeinschaft einen Beruf auszuüben. ... Zu diesen wirtschaftlichen Notständen kommt ihre öffentliche Verfemung, wie sie durch eine gewisse Presse betrieben wird. ... Diese Situation bewirkt bei den nichtarischen Christen eine solche Hoffnungslosigkeit, daß die Fälle von Selbstmord sich in erschreckender Weise mehren. Die Lage der nichtarischen Christen ist insofern schwieriger als die ihrer Rassegenossen, die Glieder der Synagoge geblieben sind, als letztere durch die internationalen Beziehungen des Weltjudentums immer noch in vieler Hinsicht materielle und ideelle Stärkung erfahren. Die nichtarischen Christen wenden sich in ihrer verzweifelten Lage an ihre Kirche und erwarten von ihr Fürsorge und Seelsorge.“
Etwa 80 Prozent der Männer, Frauen und Kinder, welche die Nationalsozialisten zu nichtarischen Mischlingen und jüdischen Versippten erklären, gehören christlichen Kirchen an. Das müßte eigentlich bedeuten, daß sich katholische wie evangelische Kirchen-

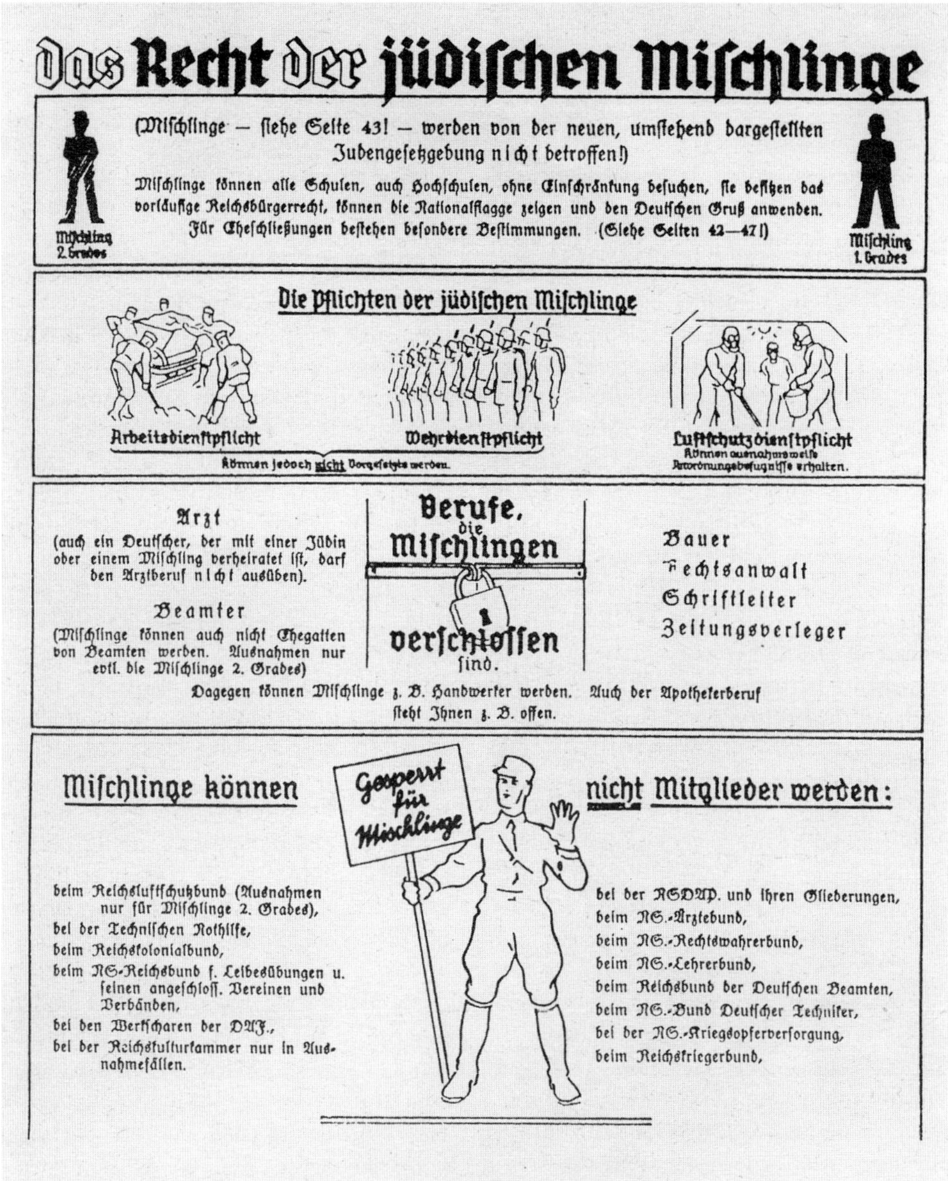

„Du bist sofort im Bilde" hieß eine Schrift, mit der die Nazis aufzuklären versuchten, welche Rechte jüdische Mischlinge hatten und welche nicht. Dieses Schaubild gibt den Stand von 1940 wieder. Das Schaubild läßt aber zum Beispiel nicht erkennen, daß jüdisch erzogene Mischlinge wie Juden behandelt wurden. Zudem schränkten die Nationalsozialisten die Rechte der Mischlinge später immer weiter ein.

Entnommen aus „Juden – Christen – Deutsche"

4139

Anlage 2

ST. RAPHAELS-VEREIN
zum Schutze katholischer deutscher Auswanderer E.V.
Amtlich anerkannte gemeinnützige Auswandererberatungsstelle
Generalsekretariat: Hamburg 1, Grosse Allee 42
Präsident: Exz.Bischof Dr.Wilhelm Berning von Osnabrück
Vorsitzender des Vorstandes: Msgr.Bernhard Wintermann,Hamburg 1
Generalsekretär: Dr. Max Grösser (Danzigerstr.60)

Anerkannte Beratungsstellen des St.Raphaelsvereins befinden sich heute noch an jenen Plätzen, wo die Zahl katholischer Nichtarier das erfordert, nämlich bei den Caritassekretariaten in

Aachen...........	Klosterplatz 8
Augsburg.........	Volkhartstrasse 9
Berlin C 2.......	Niederwallstrasse 11
Bremen...........	Falkenstrasse 49
Breslau 1........	Domplatz 11
Dortmund.........	Silberstrasse 9
Düsseldorf.......	Tonhallenstrasse 15
Essen............	Virchowstrasse 15
Frankfurt/Main...	Alte Mainzergasse 45
Freiburg i.Br....	Werthmannhaus
Hannover.........	Escherstrasse 13
Köln.............	Georgstrasse 20
München 13.......	Hess-str.26
Oppeln...........	Malapanerstrasse 20
Saarbrücken 2....	Kleine Schulstrasse 11
Stuttgart........	Weissenburgstrasse 13

Der St. Raphaels-Verein kümmerte sich seit dem vorigen Jahrhundert um katholische Auswanderer und hatte deshalb gute Verbindungen ins Ausland. Im Dritten Reich half er von den Nationalsozialisten verfolgten katholischen Nichtariern, Deutschland zu verlassen. Auch in Augsburg hatte der Verein eine Geschäftsstelle.

Landeskirchliches Archiv Nürnberg

führer spätestens dann im vehementen Protest vereinigten, als die Nürnberger Gesetze 1935 die Judenchristen ausgrenzen und sie zu Menschen mit minderen Rechten erklären. Weit gefehlt!

Der entschiedene Protest gegen die Gesetze bleibt aus, obwohl sie doch auch für die Kirchen eine ungeheure Provokation und Brüskierung darstellen.

Da ist Marga Meusel, Leiterin des evangelischen Bezirkswohlfahrtsamts in Berlin-Zehlendorf, aus anderem Holz. Sie sieht 1934 schon die Notwendigkeit, eine Beratungsstelle für evangelische „Nichtarier“ einzurichten. Frau Meusel verfaßt eine Denkschrift, die der im Juni 1935 in Augsburg tagenden 3. Bekenntnissynode der Deutschen Evangelischen Kirche vorgelegt wird. Die Synodalen gehen schweigend darüber hinweg. Im Herbst 1935 – mittlerweise sind die Nürnberger Gesetze verkündet – legt Marga Meusel der Preußischen Bekenntnissynode in Berlin eine erweiterte Fassung mit erschütternden Beispielen innerer Not vor. Martin Greschat in seinem Bericht über die Haltung der evangelischen Kirche zur Judenverfolgung: „Zuletzt fragte sie: Was soll man antworten auf all die verzweifelten, bitteren Fragen und Anklagen: Warum tut die Kirche nichts? Warum läßt sie das namenlose Unrecht geschehen? Wie kann sie immer wieder freudige Bekenntnisse zum nationalsozialistischen Staat ablegen, die doch politische Bekenntnisse sind und sich gegen das Leben eines Teiles ihrer eigenen Glieder richten? Warum schützt sie nicht wenigstens die Kinder? Sollte denn alles das, was mit der heute so verachteten Humanität schlechterdings unvereinbar ist, mit dem Christentum vereinbar sein? – Und wenn die Kirche um ihrer völligen Zerstörung willen in vielen Fällen nichts tun kann, warum weiß sie dann nicht wenigstens um ihre Schuld? Warum betet sie nicht für die, die dies unverschuldete Leid und die Verfolgung trifft? Warum gibt es nicht Fürbittegottesdienste, wie es sie gab für die gefangenen Pfarrer? Die Kirche macht es einem bitter schwer, sie zu verteidigen.“ Mutige Worte, die diese Frau findet. Sie bleibt wiederum eine einsame Ruferin in der Wüste. Um nochmal Martin Greschat zu zitieren: „Über diesen Text wurde nicht geredet, geschweige denn verhandelt.“

Und die katholische Kirche? Auch für sie gilt, daß viele schweigen und wenige protestieren. Am 12. September 1943 wird das letzte gemeinsame Hirtenwort der Fuldaer Bischofskonferenz von den Kanzeln verlesen. Es ist das deutlichste und ruft die zehn Gebote als für alle Völker verbindliches Lebensgesetz in Erinnerung. Zum fünften Gebot sagt es: „Tötung ist in sich schlecht, auch wenn sie angeblich im Interesse des Gemeinwohls verübt würde: An schuld- und wehrlosen Geistesschwachen und -kranken, an unheilbar Siechen und tödlich Verletzten, an erblich Belasteten und lebensuntüchtigen Neugeborenen, an unschuldigen Geiseln und entwaffneten Kriegs- oder Strafgefangenen, an Menschen fremder Rassen und Abstammung. Auch die Obrigkeit kann und darf nur wirklich todeswürdige Verbrechen bestrafen.“ Noch 1943 also wird das Wort Jude ausgespart – obwohl, so der Journalist Bernd Nellessen, die Bischöfe schon damals Informationen über Konzentrationslager, Massengräber und Krematorien haben, wenn auch nicht vom Ausmaß der Millionenmorde und der unvorstellbaren Greuel unterrichtet sind. Die Flucht in die Formulierung von den „Menschen fremder Rassen und Abstammung“ ist charakteristisch. Es gibt während der gesamten Zeit des Dritten Reichs in beiden Kirchen mutige Leute. Der Kardinal Graf von Galen aus Münster und der evangelische württembergische Landesbischof Wurm stehen stellvertretend dafür. Aber es sind immer Einzelne, die Mut – häufig sogar sehr viel Mut – beweisen, nicht aber die Kirchenverantwortlichen insgesamt. Doch hätten nicht auch mehr Mitglieder dieser Kirchen aufbegehren und sich hinter die nichtarischen Glaubensbrüder und -schwestern stellen müssen? 90 Prozent der Deutschen nennen sich Christen …

Wer bedrängt ist, braucht Hilfe. 1933 bereits entsteht ein „Reichsverband nichtarischer Christen“. Vorsitzender wird 1935 der damals bekannte Literatur- und Kulturkritiker Paul Spiero. 1936 wird aus dem Reichsverband der „Paulusbund“ mit angeblich 80 000 Mitgliedern. Als ein halbes Jahr später alle Voll- und Dreivierteljuden ausscheiden müssen, benennt er sich um in „Vereinigung 1937“. Auch Spiero, Volljude, muß den Vorsitz niederlegen. Er richtet eine private Hilfsstelle für die Auswanderung nichtarischer Christen ein. Ein Mann, der nicht die Augen verschließt vor der Not anderer, sondern der zu helfen versucht.

Doch auch wenn die vehementen Proteste ihrer Oberen gegen die Verfemung von Nichtariern ausbleiben: am wirksamsten helfen zweifellos die beiden großen Kirchen. Die katholische braucht zu diesem Zweck nicht einmal eine neue Organisation zu gründen. Hat doch der Limburger Kaufmann Peter Paul Cahensly, Inhaber eines florierenden Großhandelsgeschäfts, schon 1865 mit den Worten „Alle Mann an Bord zur Rettung von Tausenden und Millionen gefährdeter Auswandererseelen“ den Grundstein für ein „Komitée zum Schutze der Auswanderer“ gelegt. Cahensly, in der katholischen Kirche als „Vater der Auswanderer“ verehrt, ging es damals um die schamlose Ausbeutung vieler Emigranten durch Geschäftemacher sowie um Schutz vor der religiös-sittlichen Gefährdung während des Transports nach Übersee und in den Häfen. 1871 wird aus dem Komitée der „St. Raphaels-Verein zum Schutze katholischer Auswanderer“. Die Verfolgung der Nichtarier im Dritten Reich stellt diesen vor eine neue Herausforderung: Es geht nicht mehr um die Rettung von Seelen, sondern von Menschen. Weil das Gebäude des Vereins 1943 dem Bombenhagel zum Opfer fällt, gibt es keine Statistiken, wieviel Männern, Frauen, Kindern der Verein mit seinen guten Verbindungen ins Ausland zur Auswanderung verholfen hat. In einem für die Gestapo bestimmten Bericht schätzt das Generalsekretariat, daß es über 10 000 Personen gewesen sind – in der Mehrzahl katholische Nichtarier. P. Größer, Generalsekretär des Raphaelsvereins, wird 1937 unter falscher Anschuldigung für einige Monate ins Gefängnis geworfen. 1941 wird der Organisation die weitere Arbeit untersagt.

Auch in Augsburg wirkt der Raphaelsverein. Die Adresse Volkhartstraße 9 ist identisch mit jener der Caritas, mit der er eng zusammenarbeitet und die nach dem Verbot des Raphaelvereins dessen Tätigkeit weiterführt. Aus dem Caritasbericht 1938 der Diözese ist ablesbar, wie notwendig Hilfe und Beratung auch in Augsburg gebraucht werden. 50 Fälle seien von der Auswandererberatung bearbeitet worden, „jeder ein schweres Menschenschicksal“. Insbesondere die Fürsorgerin Agnes Lutz tut viel Gutes. Sie weiß, was Not ist, weil sie aus armen Verhältnissen stammt. Bei Nacht und Nebel, so berichtet der ehemalige Caritasdirektor und Namensvetter, Monsignore Hermann Josef Lutz, habe sie nichtarische Familien besucht: „Mit Caritasverband und Raphaelsverein hat sie Wege freigemacht, daß die Leute herauskamen. Wer das brauchte, bekam auch finanziell geholfen. Zum Teil erfuhr sie durch Mittelsmänner, welche Familien besonders gefährdet waren.“ Agnes Lutz, zuletzt erblindet, stirbt 1991. Leopoldine Schmidmayr, von 1923–1969 beim Diözesan-Caritasverband tätig, rühmt ihr nach: „Ich glaube, daß keiner von uns wenigen Caritätern um diese Zeit auch den Mut gehabt hätte, sich um die christlichen Frauen von Nichtariern anzunehmen. Frl. Lutz hat in dieser Beziehung viel geleistet.“

„Ein Stern am kirchlichen Nachthimmel“ ist das Büro des evangelischen Pfarrers Heinrich Grüber in Berlin einmal genannt worden. Die Hilfsstelle wird erst 1938 eingerichtet – spät, für eine Anzahl Menschen indes nicht zu spät. 600 Nichtariern, Juden wie Christen, verhilft das berühmt gewordene Büro Grüber zur organisierten Flucht aus Deutschland; es bringt auch Buben und Mädchen in Kindertransporten in andere Länder, vermittelt Hausangestellte ins Ausland (so daß diese ebenfalls in Sicherheit sind), kümmert sich um Sieche, Kranke, Alte; sorgt sich um

Half im Dritten Reich vielen Nichtariern: Caritas-Fürsorgerin Gertrud Lutz (Aus „Kleine Geschichte der Caritas im Bistum Augsburg 1920 – 1960“)

evangelische Kinder, die keine Schule mehr besuchen dürfen.

Grüber ist mutig. Der Neuendettelsauer Pfarrer Johannes Zwanzger berichtet von einem Gespräch, das Grüber mit Adolf Eichmann, ab Oktober 1939 Leiter des Judenreferats im Reichssicherheitshauptamt und 1962 in Israel hingerichtet, geführt hat.

Eichmann: „Erklären Sie mir den Grund, warum Sie sich so für diese Juden einsetzen. Sie haben keine jüdische Verwandtschaft. Sie haben es nicht nötig, für diese Menschen einzutreten. Niemand wird es Ihnen danken. Ich begreife nicht, warum Sie es tun!“

Grüber: „Sie kennen die Straße von Jerusalem nach Jericho? Auf dieser Straße lag einmal ein überfallener und ausgeplünderter Jude. Ein Mann, der durch Religion und Rasse von ihm getrennt war, ein Samariter, kam und half ihm. So ist uns allen zugerufen worden: Gehe hin und tue desgleichen.“

Die Arbeit des Büros Grüber wird anfangs von der Gestapo ignoriert. Doch am 19. Dezember 1940 wird Pfarrer Grüber verhaftet. Er wird zuerst in das Konzentrationslager Sachsenhausen eingeliefert, dann in das KZ Dachau. Seine „rechte Hand“, der Pfarrer Werner Sylten, setzt Grübers Arbeit noch zwei Monate lang fort. Am 1. Februar 1941 muß er die Hilfsstelle auf Geheiß der Gestapo auflösen. Sylten wird kurz darauf in das KZ Dachau gebracht und dort am 26. September 1942 umgebracht. Es heißt, daß auch von den 55 Mitarbeitern des Büros nur wenige das Ende des Dritten Reichs erlebten, die meisten von ihnen vermutlich umgebracht worden seien.

Weil sich die Hilferufe aus Bayern mehren, bittet Grüber den Landesbischof Meiser, ebenfalls einen Pfarrer oder kirchlichen Mitarbeiter für das von ihm geplante Büro abzustellen. Das geschieht sofort. Für kurze Zeit übernimmt diese Aufgabe der Pfarrer Hofmann von der Inneren Mission. Als diesem nach kurzer Zeit die Arbeit über den Kopf wächst, wird der Pfarrer Zwanzger, selbst von den Nürnberger Gesetzen betroffen, mit dieser wichtigen Aufgabe betreut. Zwanzger: „So wurde ich im Dezember 1938 vom Landesbischof Meiser nach München zum Dienst an den unter die Räuber und Mörder gefallenen Gemeindemitgliedern gerufen.“ Auch in Nürnberg richtet die Evangelische Kirche eine Hilfsstelle ein.

An Arbeit fehlt es in München wie in Nürnberg nicht. Auswanderung, sprich: die Flucht aus Deutschland, die Rettung von Kindern ins Ausland, Wohnungsfragen, Ehescheidungen, wirtschaftliche Not, Vereinsamung, die Verbote der Beerdigungen von Judenchristen auf städtischen Friedhöfen – das sind die Sorgen, mit denen nichtarische Christen zu den beiden Pfarrern kommen.

Johannes Zwanzger führt unendlich viele Gespräche mit Menschen aus rassisch gemischten Ehen. Schon nach wenigen Wochen hat er die Erfahrung gemacht: „Der Selbstmord – so furchtbar das klingt – ist zu einem alltäglichen Aussprachegegenstand geworden.“ Im Oktober 1941 wird der Pfarrer zur Wehrmacht einberufen. Resümée seiner Tätigkeit: 57 gerettete Menschenleben.

Es gibt leider auch Beispiele für fehlende Solidarität, Kleinmut und die Angst, eigene Belange zu gefährden. Im Januar 1939 sucht der Landesverein für Innere Mission in Bayern Unterbringungsmöglichkeiten für nichtarische Christen.

- Antwort des Vereins für Innere Mission in Augsburg: „... müssen wir mitteilen, daß wir in unseren Heimen z. Z. keine Aufnahmemöglichkeit für nichtarische Christen haben. Der Sonnenhof ist voll belegt, Stadtbergen eignet sich nicht für solchen Zweck."

• Antwort aus der Evang. Diakonissenanstalt Augsburg: „Eine Unterbringung nichtarischer Evangelischer im Freizeitheim Ortenburg erscheint uns nicht möglich, um der Schule und der Schülerinnen und um der Gäste willen; wir dürfen den Betrieb des Heimes nicht belasten, würden ihn aber wahrscheinlich ernstlich gefährden, wenn wir nichtarische Menschen zeitweilig in Ortenburg unterbrächten. Über die zeitweilige, nicht zulange andauernde Unterbringung *eines* Evangelischen im Mayenbad in Mindelheim könnten wir vielleicht verhandeln, die Verhandlung müßte aber in jedem Fall über das Mutterhaus geführt werden."

• Im Mai 1939 möchte eine Großmutter die bei ihr lebende siebenjährige Enkelin taufen lassen. Das Kind ist die Tochter eines arischen Vaters und einer halbarischen evangelischen Mutter. Die Großmutter nahm an, das Kind sei mit seinen jüngeren Geschwistern längst getauft, doch erweist sich das als Irrtum. Das Evangelisch Lutherische Pfarramt fragt beim Dekanat Augsburg an: „... Um des Kindes willen wäre es zweifellos sehr zu bedauern, wenn es jetzt als 'jüdisch', was es doch nur zu 25 % ist, aus seiner bisherigen evangelischen Erziehung herausgenommen würde. ... Darf hier eine Taufe vorgenommen werden und etwa in welcher besonderen Weise?" Auch das Dekanat zweifelt. Es reicht die Entscheidung weiter an den Landeskirchenrat. Dort endlich wird die Taufe genehmigt.

Zurück zum braunen Rassenwahn. Wäre Hitlers tausendjähriges Reich nicht nach zwölf Jahren zu Boden gezwungen worden, hätte eine Verfolgung bis zum wahrhaft letzten Tropfen jüdischen Blutes gedroht. Versammelten sich doch am 6. März 1942 im Reichssicherheitshauptamt die Vertreter vieler Ministerien und Parteidienststellen zu einer Besprechung über die Unfruchtbarmachung sämtlicher Mischlinge 1. Grades. Am Ende wird diesem Vorschlag zugestimmt: „Die Sterilisierung soll freiwillig erfolgen. Sie ist aber Voraussetzung des Verbleibens im Reichsgebiet und stellt sich somit als eine freiwillige Gegenleistung des Mischlings 1. Grades für seine gnadenweise Belassung im Reichsgebiet dar."

Eines der beiden Gesetze, die 1935 in Nürnberg verkündet werden, sollte angeblich dem „Schutze des deutschen Blutes und der deutschen Ehre" dienen. Das Gegenteil ist der Fall: **Es hat Deutschland Unehre gebracht.**

Quellen u.a. :
„Jahrbuch der Caritas-Wissenschaft 1963"; Freiburg, 1963;
Reutter, Lutz-Eugen: „Katholische Kirche als Fluchthelfer im Dritten Reich – Die Betreuung von Auswanderern durch den St. Raphaels-Verein"; Recklinghausen/ Hamburg 1971;
Zwanzger, Johannes: „Jahre der Unmenschlichkeit" in „Theologische Hefte Concordia"; Nr. 4.

Mischehen, die standhielten

„Der Begriff Mischehe wird zur Zeit in verschiedenem Sinne gebraucht. Während der Nationalsozialismus hierunter die Ehe zwischen Menschen verschiedener Rassenzugehörigkeit versteht, wendet die Kirche diese Bezeichnung auf die Ehe zwischen Angehörigen verschiedener Konfessionen an. Ich ordne hiermit an, daß im behördlichen Verkehr das Wort „Mischehe" nur in dem Sinn zu gebrauchen ist, daß hierunter eine zu einer Rassenmischung führende Ehe zu verstehen ist, d.h. eine solche, die zwischen einem Arier und einer Nichtarierin oder umgekehrt geschlossen wird." (Runderlaß des preußischen Innenministeriums vom 26. April 1935)

Ludwig und Katharina Unterholzner aus Augsburg

Ehe war wichtiger als die Karriere

„Herr Dr. Unterholzner hat in der langen Zeit seiner Tätigkeit bei uns ein ungewöhnliches Maß von Arbeitskraft und ein ausgezeichnetes, sicheres, auf gründliche geistige Durchbildung gestütztes Urteil bewiesen. ... Sein ungewöhnliches und vielseitiges Können, seine Hingabe an seine Arbeit und liebenswürdige menschliche Eigenschaften haben uns Herrn Dr. Unterholzner immer besonders schätzen lassen. Wir haben es sehr bedauert, ihn infolge äußerer Gründe aus unserer Schriftleitung ausscheiden zu sehen. Wir haben in ihm einen unserer fähigsten Mitarbeiter besessen und wünschen ihm für seine weitere Zukunft aufrichtig das Beste."

„Äußere Gründe"! Diese Formulierung verschleiert, daß sich der „Hannoversche Anzeiger" am 30. September 1937 von einem seiner fähigsten Mitarbeiter trennt, weil dieser mit einer Jüdin verheiratet ist. Stotternd bringt es ihm ein Beauftragter des Verlags Madsack bei: „Es geht nicht mehr". Unterholzner könnte alle beruflichen Nachteile vermeiden. Warum er seine Zukunft wegschmeiße, wird er gefragt; schließlich gebe es doch andere Wege... Gemeint ist die Scheidung von seiner Frau Katharina geb. Eisenmann, aber genau dahin führt kein Weg für den Dr. Ludwig Unterholzner.

Die Wiege dieses standhaften Mannes steht in Salzburg, der österreichischen Mozartstadt. Ist ihm die Liebe zur Musik dort angeboren worden? Oder ist sie erst erwacht, als der Vater, ein bayerischer Eisenbahner, 1908 in die bayerische Mozartstadt Augsburg versetzt wird? Müßige Fragen. Fest steht, daß der Knabe Ludwig schon früh das Violin- und das Violaspiel erlernt und sich sonntags nach dem katholischen Gottesdienst mit Freunden in die Oberrealschule schleicht, um zu musizieren. Melodien aus „Tosca" und „Madame Butterfly" spielt man dort. Beinahe indes wäre aus dem musikbegeisterten Schüler ein Kaufmann geworden, zum Glück sorgt die Stiefmutter dafür, daß er studieren kann. 1927 verläßt er die Universität Erlangen als Dr. phil. und

Katharina geborene Eisenmann und Ludwig Unterholzner als junges Paar

Musikwissenschaftler. „Ich war ein Lausbub gewesen. Wir alle waren von Bert Brecht beeindruckt, aber alles galt den Älteren schlecht, was nicht von gestern und vorgestern war. Das Doktorat hat viele Gemüter mit mir versöhnt", berichtet er später einmal über diese Zeit.

Der Dr. Ludwig Unterholzner wird als Musikkritiker sehr schnell über Augsburg hinaus bekannt. Über die Uraufführung von Richard Strauss' Oper „Arabella" 1933 in Dresden berichtet er für nicht weniger als 17 Zeitungen. Er reist zu den Festspielen in Bayreuth und Venedig; fährt einmal als Gast der schwedischen Regierung, zusammen mit den Komponisten Wilhelm Kienzl und Emil von Reznicek, im Sonderwagen der schwedischen Eisenbahn nach Stockholm. In Augsburg erregt der Musikjournalist Unterholzner Aufsehen, als er 1930 im Ludwigsbau ein Symphoniekonzert des Städtischen Orchesters dirigiert. Ein Kritiker am Dirigentenpult, das kommt nicht alle Tage vor! Werke von Franz Schreker, Arnold Schönberg, Wolfgang Amadeus Mozart stehen im Programm – und als Mittelpunkt die Uraufführung von Paul Frankenburgers Komposition „Der Gärtner". Frankenburger, damals Kapellmeister des Augsburgers Stadttheaters, wird später als Paul Ben-Haim

„Die schweren Jahre der Auswanderung brachten uns noch enger zusammen": Ludwig und Kathe Underwood (früher Unterholzner) 1988 bei einem Besuch in Augsburg.
Foto: Anne Wall

Israels berühmtester Komponist. „Die von dem stürmisch gefeierten Gast geleitete Veranstaltung bildete den Abschiedsabend des als 1. Musikreferent nach Hannover berufenen Künstlers, dessen Fortgang als ein bedeutender Verlust für das Augsburger Musikleben bezeichnet werden muß", urteilt ein Kollege über den dirigierenden Kritiker. Alles spricht dafür, daß Dr. Ludwig Unterholzner eine glänzende Journalisten-Karriere vor sich hat.

Daß sein Weg ganz anders verläuft, hängt zusammen mit seiner Liebe zu Katharina Eisenmann. Sie ist die Tochter eines Teilhabers der Augsburger Weinkellerei, Likör- und Essigfabrik Binswanger & Co. Die angesehene Firma mit weiteren Betrieben in München und Regensburg befindet sich in einem wunderschönen Renaissance-Haus, das Johann Holl, Vater des berühmtem Augsburger Stadtbaumeisters Elias Holl, um 1590 in der Ludwigstraße erbaut hat. Bomben zerstören es im Zweiten Weltkrieg. Ein nüchternes Parkhaus befindet sich heute an der Stelle, an der sich einmal ein ansehnliches Baukunstwerk befand.

Dr. Ludwig Unterholzner und Katharina Eisenmann lernen sich am Rosenmontag 1930 beim Bühnenball im Hotel „Drei Mohren“ kennen. Nach zehn Minuten geben sie sich den ersten Faschingskuß. „Tanzen konnte er nicht und hat es auch nie gelernt, er hatte zwei linke Füße“, erinnert Frau Katharina sich an die erste Begegnung. Aber die „linken Füße“ stehen der Liebe zwischen dem Katholiken und der Jüdin nicht im Weg. 1931 wird aus den beiden ein Paar.

Zwei Jahre später werden in Deutschland Antisemitismus und Rassenwahn Richtschnur staatlichen Handelns. Dr. Ludwig Unterholzner sieht sich schließlich vor die Frage gestellt, sich von seiner jüdischen Frau zu trennen oder auf die Karriere zu verzichten. Frau Katharina bietet ihrem Mann an, ihn freizugeben. Ihre Liebe soll seiner Zukunft nicht im Wege sein. „Natürlich haben wir über diesen Ausweg gesprochen. Aber Karriere oder Ehe – das ist für Ludwig nie eine Frage gewesen.“

Anfangs hofft Dr. Unterholzner noch, daß die beiden sich durchschlagen können, bis das tausendjährige Reich endet. Zumal ihm angeboten wird, als freier Musikschriftsteller für die holländische Zeitung „Nieuwe Rotterdamsche Courant“ zu schreiben. Doch als seine Beiträge nicht mehr unter seinem Namen gedruckt werden können, ist das für ihn wie ein Signal. Er gibt seiner Frau nach, die längst gedrängt hat: „Laß uns auswandern, ehe es zu spät ist.“ 1939 verläßt das Ehepaar Augsburg. Katharina Unterholzner: „Zuletzt hat ihn ein Oberst 'runtergeputzt wie einen Verbrecher, ihn einen vaterlandslosen Verräter genannt.“

Katharinas Vater Dr. Sigmund Eisenmann ist 1937 gestorben. Mutter Lina geborene Binswanger will nicht allein in Augsburg zurückbleiben. Sie möchte zusammen mit Tochter und Schwiegersohn nach Amerika reisen. Aber Gesuch und sämtliche Papiere verschwinden auf dem Behördenweg spurlos. Sie bleibt in Augsburg und wird einige Jahre später in Auschwitz ermordet. Etwa 30 Verwandte von Katharina Unterholzner erleiden das gleiche Schicksal.

Amerika: Mit zehn Dollars in der Tasche, wie so viele Emigranten, kommen die beiden Augsburger am 16. Mai 1939 in New York an. Für die erste Woche mietet eine Tante ihnen ein Zimmer. Katharina Unterholzner nimmt am zweiten Tag eine Stelle als Putzfrau an. Das Geld, das sie verdient, reicht nicht aus, um die Miete zu bezahlen. Die Situation, mit der das Ehepaar fertig zu werden hat, umreißt sie so: „Die katholischen Organisationen haben nichts für uns tun wollen, weil ich jüdisch war, und bei den jüdischen war es umgekehrt.“

Die Quäker, die in jenen Jahren unendlich viel für deutsche Flüchtlinge tun, helfen. In Iowa besitzen sie ein Haus, dort werden Ludwig und Katharina Unterholzner aufgenommen. Sie arbeitet im Haushalt, er in Haus und Garten. Abends verbessern sie ihre englischen Sprachkenntnisse.

Die Unterholzners glauben, daß die Amerikaner ihren Namen nicht aussprechen können. Also wird aus ihnen

Lucas und Kathe Underwood. Ein Entschluß, den Dr. Underwood später bereut: „Die Amerikaner hätten kein Problem mit meinem Namen gehabt. Ich dagegen habe mit der Änderung soviel von der Vergangenheit verloren."
In Iowa erfahren die Underwoods, daß eine private Klosterschule für Mädchen in Versailles/Kentucky einen Klavierlehrer sucht. Der Violinist Underwood meldet sich. Aus einem Interview, das er viele Jahrzehnte später rückblickend gibt:
„Tollkühn habe ich alles gemacht. Es war schwierig, ich war sehr schwach in Englisch. – Die Verantwortlichen verlangten, Opern zu produzieren. Opern an einer Schule mit lauter Studentinnen und keinen Männerstimmen!?
Es war unmöglich. Ich dachte, sie wären verrückt. Doch sie wollten Opern und bekamen sie geliefert."
Die Lieferungen bestehen aus „Martha", „Zar und Zimmermann", „Hänsel und Gretel", „Die verkaufte Braut, „Barbier von Bagdad" – und Ludwig Underwood liefert alles, was benötigt wird: musikalische Leitung, Inszenierung und Bühnenbild – oftmals inspiriert von den guten Ideen seiner nicht weniger musikliebenden Frau Kathe. Er komponiert schließlich in dem anglikanischen Kloster eine Weihnachtsoper. „Die Heilige Nacht" wird gedruckt, mehrfach im amerikanischen Fernsehen aufgeführt. Kathe Underwood ist kaum weniger tollkühn. Obwohl sie den Beruf nicht gelernt hat, arbeitet sie im Kloster – als Krankenschwester. Das macht sie offenbar hervorragend. Ob sie Halsschmerzen haben oder Kummer mit den Boyfriends, die Mädchen wenden sich an Schwester Kathe. Als das Ehepaar 1946 das Kloster des „Ordens der Heiligen Helena" verläßt, wird ihm in der Kloster-Zeitschrift „Ave Crux" nachgerühmt: „Was sie für die Schule geleistet haben, wird weiterleben und wachsen, in den Herzen und Köpfen der Schülerinnen und der Leitung sowie im Gemeinschaftsleben der Schule."

Frage: Hat es für die Nonnen eigentlich keine Rolle gespielt, daß ihre geliebte Krankenschwester Jüdin war?
Kathe Underwood: „Nein, sie haben niemals versucht, mich zu bekehren und zu einem Glaubenswechsel zu überreden. Lucas diskutierte mit den frommen Frauen häufig über religiöse Fragen. Er tat es weniger aus Überzeugung als aus Dankbarkeit für die beruflichen Chancen und das Zuhause, die sie uns gegeben hatten."

Frage: Und in der Ehe?
Kathe Underwood: „Für uns hat es nie Bedeutung gehabt, daß Lucas katholisch und ich jüdisch war. In Stockton imponierte Lucas ein Rabbiner sowohl religiös wie auch politisch so sehr, daß er das Judentum unterstützen wollte und deshalb in die – sehr liberale – Israelitische Gemeinde der Stadt eingetreten ist. Seinen Glauben hat er deshalb nicht abgelegt. Er blieb katholisch und ich blieb jüdisch."

Die Underwoods verlassen die Klosterschule, weil Dr. Lucas vom Konservatorium der Universität des Pacifics in Stockton angeboten worden ist, dort jedes Jahr zwei Opern einzustudieren. So kommen die beiden ins sonnige Kalifornien, und Lucas Underwood wird dort Professor für Musikgeschichte und vor allem „Mister Opera". Sein Leben besteht aus Musik. Verdis „La Traviata" steht am Anfang seiner Tätigkeit, mit „La Traviata" beschließt er sie 26 Jahre später. 25 Opern studiert er in diesem Zeitraum ein, ist die treibende Kraft bei der Gründung einer Opern-Gesellschaft in der 250 000-Einwohner-Stadt nahe San Francisco.

Kathe Underwood ist – wie sie selbst sagt – in Augsburg „ein verwöhnter Fratz" gewesen. In Amerika zeigt sie, über welche Fähigkeiten und welche Energie sie verfügt. In Stockton herrscht Lehrermangel. Am zweiten Tag wird sie gefragt, ob sie nicht unterrichten könne. Sie sagt ja. Die nächsten vier Jahre unterrichtet sie tagsüber an einer Schule, abends hört sie an der Universität Vorlesungen in Erziehungswissenschaften. Sie erwirbt den akademischen Grad eines Bachelor of Science (Bakkalaureus). Von 1948 bis 1950 wird sie herangezogen, um mit anderen ein Programm für schwachbegabte Kinder zu entwickeln, später wird sie in die „Honour Society Delta Cappa Gamma" gewählt, ein Gremium für besonders verdiente Lehrer. Dazu ist und bleibt sie die gute Muse ihres Mannes. Sie inspiriert, berät, beflügelt ihn. So kommt es, daß 1991 erstmals in der Geschichte dieser Auszeichnung nicht eine Einzelperson den „Star Award" für Verdienste um Stocktons Kulturleben erhält, sondern ein Ehepaar: Lucas und Kathe Underwood. Lucas erhält den Stern als „von Generationen von Musikstudenten geschätzter Professor des Konservatoriums sowie als Mitgründer, langjähriger künstlerischer Leiter und Dirigent der Opern-Gesellschaft Stockton." Kathe wird ausgezeichnet für ihre Aktivitäten in Organisationen der Stadt, als Gründungsmitglied, frühere Präsidentin und Schatzmeisterin der Opern-Gesellschaft und – „weil es unmöglich ist, den einen ohne den anderen zu ehren."

Treffender läßt sich die Verbindung zwischen Lucas und Kathe Underwood nicht charakterisieren. Das Wort von der großen Liebe sagt sich leichthin – aber dieses ist im wahrsten Sinne des Wortes eine gewesen. Kathe Underwood nach dem Tod ihres Mannes 1992: „Wir hatten eine glückliche, 61 Jahre lange Ehe. Durch Lucas war mein Leben unglaublich bereichert. Die schweren Jahre der Auswanderung brachten uns noch enger zusammen."

Quellen:
Interviews;
Dokumente;
„The Stockton Record";
Festrede bei der Verleihung des „Star Award" 1991 in Stockton;
„Ave Crux", Versailles/Kentucky, 11/1946
u.a.

Eine Augsburger Familie

Aus der Deportationsliste herausgestrichen

Die Familie des angesehenen Augsburger Großhändlers K. H. besteht aus fünf Personen: Vater, Mutter, drei Söhne. Leben und Lebensweg jedes einzelnen Mitglieds werden durch die Nürnberger Rassengesetze verändert.
K. H. ist ein gläubiger evangelischer Christ. Nach eigenem Bekunden würde er nie eine Katholikin geheiratet haben. Daß seine Braut jüdische Eltern hat, stört ihn nicht: „Sie ist ja als Kind evangelisch getauft worden."
1933 tritt er in die NSDAP ein, weil er glaubt, Frau und Familie so besser vor dem Antisemitismus der Nationalsozialisten schützen zu können. Der eigene Bruder legt ihm nahe, sich scheiden zu lassen, weil er sonst der in der Papierbranche tätigen Firma Schaden zufüge. Er lehnt das ab. Als ihn Hitlers Partei einige Jahre später vor die Entscheidung stellt, sich scheiden zu lassen oder ausgeschlossen zu werden, tritt er aus der NSDAP aus. Folge: Der Firma werden eine Menge Steine in den Weg gelegt. Sie muß um Aufträge kämpfen, bekommt bei der Material-Zuweisung während des Zweiten Weltkriegs zu spüren, daß ein Inhaber „jüdisch versippt" ist.
K. H. kämpft nicht nur für seine Frau; er setzt sich auch für die Söhne ein. Bei Reichsinnenminister Frick, bei bayerischen Ministern sowie bei anderen Behörden beantragt er ein ums andere Mal, die Bestimmungen des „Gesetzes zum Schutz des deutschen Blutes und der deutschen Ehre" nicht auf die Buben anzuwenden. Um das zu erreichen, reist er mehrfach nach Berlin. Vergeblich.
Im Oktober 1944 soll er in ein Arbeitslager eingewiesen werden. Das Rüstungskommando Augsburg des Reichsministers für Rüstung und Kriegsproduktion in der Bahnhofstr. 6 richtet am 27.10.1944 ein Schreiben an die Rüstungsinpektion VII in München: „Betr.: Abzug jüdischer Mischlinge 1. Grades und jüdischer Versippter und deren Überstellung an die OT." In dem Brief wird gebeten, K. H. mit Rücksicht auf die wehrwirtschaftliche Bedeutung in seinem Betrieb, der mit Aufträgen für Heer und Marine ausgelastet sei, zu belassen. Er erhält Aufschub.
Weil K. H. in den Anfangsjahren des Dritten Reichs Mitglied der NSDAP gewesen ist, muß er nach der Kapitulation Deutschlands 1945 die Firma verlassen und sich einem Entnazifizierungsverfahren stellen. Damit kein Fremder das Unternehmen führt, wird der älteste Sohn als Treuhänder eingesetzt, „obwohl er von Tuten und Blasen keine Ahnung hat." Der Vater zieht im Hintergrund die Fäden. Er stirbt 1957.

*

N. H., die Ehefrau. „Ich bin als junges Mädchen konfirmiert worden. Ich habe bis heute nie eine Synagoge betreten. Vom Jüdischsein meiner Eltern habe ich überhaupt nichts gewußt. Die haben das nie erwähnt. Merkwürdig, der Vater war sogar antisemitisch. Wir haben protestantisch geheiratet, die Kinder sind protestantisch erzogen worden.

Erst als die Söhne 1935 als Mischlinge eingestuft wurden, habe ich begriffen, daß die Nürnberger Gesetze auch mein Leben verändern könnten. Für meinen Mann ist das kein Thema gewesen. Er wollte bei mir und den drei Kindern bleiben.

Die Augsburger Gesellschaft hat mich fühlen lassen, daß ich nicht arisch war. Ich bin nicht mehr viel eingeladen worden. Zuerst haben wir das nicht so gemerkt, aber später. Viele Freunde haben sich zurückgezogen. Das hatte natürlich auch mit den Gesetzen zu tun, die das den Leuten verboten.

Im Februar 1944 sind wir ausgebombt worden. Nicht lange danach sollte ich nach Theresienstadt deportiert werden. Ich habe ein Schreiben bekommen. Dann haben einige Leute eine Aktion begonnen, um mich von der Verschikkung zu befreien. Ein Freund kannte eine Sekretärin der Gestapo. Er hat sie bewogen, meinen Namen von der Deportationsliste zu streichen. Ob ich einfach durchgestrichen worden bin auf der Namensliste oder ob die Sekretärin die Liste neu schrieb und meinen Namen unter den Tisch fallen ließ, weiß ich nicht so genau. Ich habe mich der Frau nach dem Krieg erkenntlich gezeigt und sie finanziell unterstützt. Sie war ja ein großes persönliches Risiko eingegangen und kannte mich nicht einmal persönlich.

Ich bin dann in unserem Sommerhaus am Ammersee gewesen. Wir hatten 1940 in das Haus einen hohen Nazi eingewiesen bekommen. Der war so nett zu mir und zu den Kindern. 'Das sind so nette blonde Buben', sagte er. Aber als er zufällig erfuhr, daß ich als Jüdin galt, hat er mir das Haus verboten. Später ist er umgezogen, so daß ich wieder in unser Haus konnte.

Einen Judenstern habe ich nicht tragen müssen. Den Ausweis mit dem J für Jüdin habe ich nie vorgezeigt. Ich habe einen Kleingärtnerausweis gehabt. Mit dem bin ich gereist und sie haben ihn bei Kontrollen akzeptiert. In Riederau mußte ich für eine Firma Bettwäsche nähen. Kriegsaufträge, welche die Firma in Heimarbeit vergeben hat. Das war Zwangsarbeit. Um meine Söhne habe ich mir große Sorgen gemacht. Der eine mußte Bunker für die Westfront bauen, der andere kam in ein Arbeitslager. Ich wußte gar nicht, wohin sie ihn geschleppt haben.

Ich habe großes Glück gehabt im Dritten Reich und einige gute Freunde. Durch die Verfolgung habe ich mich nicht als Jüdin gefühlt. Es war eine Episode meines Lebens. Eigentlich merkwürdig, daß mich das heute nicht mehr so berührt."

*

A. H., der älteste Sohn. Er ist Mitglied im Jungvolk und in der Hitlerjugend, bis man ihn nicht mehr akzeptiert, weil er als jüdischer Mischling gilt. Das gleiche gilt für das Internat in der Nähe von Garmisch-Partenkirchen. Er muß es vorzeitig verlassen. Die Familie schickt ihn dann nach Köln. Dort arbeitet er in einem chemischen Laboratorium. Schließlich wird er zur Organisation Todt eingezogen und beim Bunkerbau im Westen eingesetzt.

*

G. H., der mittlere Sohn. In der 6. Klasse muß er das Realgymnasium in Augsburg verlassen. „Der damalige Rektor, ein Nazi, teilte mir das mit." Die Schulzeit nennt er „grauslich": Einmal zum Beispiel wird auf die Schultafel eine Fratze gemalt, die einen Juden darstellen soll; darunter liest er seinen Namen. „Ich stand unter starkem psychischen Druck. Es hat eine grausame Isolation stattgefunden, ich konnte keine anderen Kinder einladen." G. H. ist Mitglied der Hitlerjugend und soll nach kurzer Zugehörigkeit sogar befördert werden. Als seine Abstammung bekannt wird, wird aus der Beförderung nichts. Er muß die Hakenkreuz-Armbinde abnehmen und kurz danach die Hitlerjugend verlassen.

Im November 1944 kommt er nach Jena in ein Zwangsarbeitslager. Er muß sich im „Arbeitserziehungslager" in der Morellstraße 33a einfinden. Während des Spießrutenlaufens durch ein Spalier von Gaffern hin zum Hauptbahnhof werden die Männer von SS-Leuten bewacht. An einen fahrplanmäßigen Zug wird ein Waggon angehängt. Dessen Türen werden abgesperrt, ein Abteilfenster zu öffnen ist verboten. In Jena erwartet die Zwangsarbeiter ein Barackenlager, sie schlafen in doppelstöckigen Betten mit Strohmatratzen. Sie gelten als Bauhilfsarbeiter der Organisation Todt, werden aber von SS-Männern bewacht wie die anderen Zwangsarbeiter, Volljuden mit dem gelben Stern aus Polen und der Tschechoslowakei. Tag für Tag treiben die Männer Stollen immer tiefer und weiter in die Erde. So wie zur gleichen Zeit in Kaufering Tausende schuften, um unterirdische Produktionsräume für Messerschmitt-Flugzeuge zu bauen, so sollen die in Jena eingesetzten Zwangsarbeiter unter der Erde bombensichere Hallen für die Optischen Werke Zeiss einrichten. Wenn Flugzeuge der Alliierten Bombenangriffe fliegen, müssen die Häftlinge die Stollen räumen und der Zivilbevölkerung Platz machen. Sie selbst können sich nicht vor den Bombenabwürfen schützen. Eines Tages im Frühjahr 1945 zerstreuen sich die Bewacher in alle Winde. Parteiabzeichen und Uniformteile bleiben zurück, dann sind auch schon die Amerikaner da. Befreit!

Im Rückblick auf jene Zeit beklagt der mittlere Sohn, man habe ihn so erzogen, daß er sich schämen mußte, „leider" jüdischer Abstammung zu sein.

*

H. H., der jüngste Sohn: „Mein Vater hat versucht, uns arisieren zu lassen. Das war eine fürchterliche Geschichte. Im Augsburger Rathaus befand sich eine Behörde. Dort wurde der Kopf vermessen, der Kopf von vorn und von der Seite betrachtet, die Augenfarbe

notiert. Man hat mir später erzählt, alles wäre gut gegangen, wenn ich nicht so jüdisch ausgesehen hätte. Mein Vater hat jedenfalls alles versucht, um uns vor den Nürnberger Rassengesetzen zu retten. Er ist auf x Hochstapler hereingefallen. Auf Leute, die ihm gesagt haben, sie könnten uns durch ihre Beziehungen zu höchsten Stellen arisch machen. Alle haben Geld verlangt, keiner hat Wort gehalten.
Ich ging aufs Augsburger Realgymnasium. Dann wurde das Gesetz erlassen, daß Halbjuden Gymnasien nur bis zur 6. Klasse besuchen dürften. Wir wurden ausgebombt. Im Herbst 1944 bin ich für ein paar Wochen in Weilheim in die Schule gegangen. Als ich raus mußte, bin ich in Diessen in der Buchdruckerei Joseph Huber als Praktikant gewesen. Offiziell war ich Lehrling, aber mit Juden durften auch keine Lehrverträge mehr abgeschlossen werden. Das Kriegsende habe ich mit meiner Mutter am Ammersee erlebt. Weil mir zwei Schuljahre fehlten, bin ich 1946 zu Verwandten in die Schweiz gegeben worden und habe das Abitur, die eidgenössische Matura, nachgeholt.
In späteren Jahren habe ich mehrfach mit meiner Mutter diskutiert und ihr gesagt, wie leichtfertig man doch gewesen wäre. Wir waren vermögend, hatten Verwandte in der Schweiz – meinem Vater wäre es durchaus möglich gewesen, die Familie aus Deutschland herauszubringen. Er hat es nicht getan, weil er einfach überzeugt davon war, daß seiner Familie nichts passiert und weil er die Familie um sich haben wollte. Mein Vater hatte einen starken christlichen Glauben und ich denke, daß auch der ihn in dieser Richtung bestärkt hat.
Meine Mutter hat, glaube ich, wie ein Schmetterling gelebt, einen Schleier um sich gehüllt und wie in einer Traumwolke geschwebt. Sie hat nie realisieren wollen, in welcher Gefahr sie sich befand. Sie hat nie Hausarbeit machen müssen. Deshalb hat sie darunter gelitten, daß sie für die Wehrmacht plötzlich so schwere Säcke nähen mußte. Sie hatte zuvor nie eine Nähmaschine in der Hand.
Ich habe bis heute sehr tiefsitzende Erinnerungen an die Verfolgung in der Schulzeit – daß meine Schulkameraden mir auf den Rücken einen Judenstern geklebt, mich Saujude genannt haben; dazu die Raufereien, die Streitereien. Das alles war für mich schon sehr gravierend.
Wir hatten wunderbare Eltern. Aber einen Vorwurf mache ich ihnen: Uns nie aufgeklärt zu haben, daß es keine Schande ist, jüdisch zu sein durch seine Abstammung. Da hat man sich damals immer geniert."

Quellen:
Gespräche mit Familienmitgliedern;
Dokumente.

Briefe von Alexander Oberdorfer aus Augsburg

Eine elende Baracke im Kammgarnquartier ...

Die Zeit größter Bedrängnis der Augsburger Juden schildern Briefe, die der Apotheker Alexander Oberdorfer (1879 – 1960) nach dem Zweiten Weltkrieg an eine ausgewanderte Augsburger Familie, Hugo und Elfriede Jüngster, geschrieben hat. Oberdorfer war mit einer Nichtjüdin verheiratet. Seine Schreiben geben auch Einblicke in die Lebensumstände jener Menschen, die durch die Nürnberger Rassengesetze als in Mischehe lebend oder zu Mischlingen erklärt worden waren. Diese Passagen werden nachstehend abgedruckt.

20.10.46

Als Ihre Abreise (26. August 39) so urplötzlich, aber doch im letzten Moment vor der Grenzsperre erfolgte, haben wir gewußt, daß jetzt mit dem Kriegsbeginn eine besonders für uns Juden schwere Zeitperiode beginnen würde, und das, was wir an Gemeinheit und Roheit von den Nazis erwarteten, wurde in der folgenden Zeit noch weit übertroffen. ... Es begann auch nun die Zeit, wo man bei jedem Läuten der Wohnungstür schon einen Schreck bekam, ob nicht Gestapo draußen steht und so wurde am Morgen des Jom Kippur '39 [das jüdische Versöhnungsfest] uns das Radio von der Gestapo weggeholt, d.h. ohne jede Entschädigung weggestohlen, nachdem tagelang vorher Gestapobeamte an der Wohnungstür horchten, ob nicht Radiomeldungen von Auslandssendern gehört wurden. Nach dieser Radioangelegenheit folgten systematisch Enteignung der Telefone, Pelze, Operngucker, Ferngläser, Pelzmäntel ... Es kam die Verordnung, daß an die Wohnungstüre der Judenstern anzubringen ist, daß der Judenstern auf dem Rock offen getragen (aufgenäht) werden muß und bei schwerer Strafe nicht verdeckt werden darf, das Verbot, mit Straßenbahn, Eisenbahn, Auto, Schiff etc. zu fahren, die Stadtgrenze zu überschreiten. Z.B. durfte man nicht nach Göggingen, aber nach Hochzoll, da Stadtgebiet, keine öffentliche Ruhebank benützen, keine öffentliche Anlage, Wald etc. zu besuchen; Lebensmittelkarten-Sperre für Fleisch, Milch, Eier, Weißmehl und Brot, Sonderzulagen (Obst, Fisch usw.); Verbot Zeitungen zu kaufen oder abonnieren, Haustiere zu halten (Vogel, Hund, Katzen); Sperrstunde zum Ausgehen morgens und abends, beschränkte Einkaufszeit auf 1 Stunde (9-10) täglich, wo es noch nichts gab; Verbot, bei Fliegeralarm in den Keller zu gehen, in dem Arier sich aufhalten, Abstempelung jeder einzelnen Lebensmittelmarke mit Stempel „Jude", so daß man die Marken oft nicht annahm etc., und so kam Tag für Tag eine andere Verordnung der Gestapo heraus und stets bei Nichtbefolgung oder Übertretung mit schwersten staatspolizeilichen Maßnahmen bedroht, so daß man sich nicht mehr wunderte, wenn man von dauernden Verhaftungen hörte. Januar '40 erkrankte meine Schwester Hedwig an Lungenentzündung (Arzt war Dr. Berberich, und starb nach längerem Leiden am 26. Jan.). Wir sind Gott für seinen Ratschluß trotz der tiefen Trauer über ihren Tod dankbar, sie hätte sonst unvermeidlich im Jahr '42 den schweren Weg nach Polen antreten müssen. Jan. '40 wurde ich bei Weitmann/Kissing mit ca. 50 weiteren zur Arbeit eingesetzt, aber wieder entlassen, da den Anforderungen nicht gewachsen. …

26.10.46

… Im Jahr 1941 fanden die ersten Zwangsdeportationen nach Riga statt, von denen im August [richtig: im November] ca. 20 Personen … betroffen wurden. Man hat nie mehr etwas von ihnen gehört und durften auch nicht schreiben. Es begann somit der erste größte Jammer und man ahnte Schreckliches, was auch in der Folge bittere Wahrheit wurde. Das nächste schwerwiegende Ereignis dieses Jahres war die Verfügung über das Tragen des Judensterns, der unverdeckt aufgenäht zur Schau getragen werden mußte. Was das bedeutete, kann nur der oder die Betroffene ermessen. Man wurde auf der Straße bestaunt und belästigt, teilweise durch Spottreden, Anrempelungen etc. … Bei Mischehen brauchte der Stern, wenn der Mann Arier war, nicht getragen werden, war der Mann Jude und hatte christlich erzogene Kinder, brauchte der jüdische Teil den Stern auch nicht zu tragen, ich war also dazu verpflichtet. Das Verdecken des Sterns brachte meist, wenn es gut ging, 6 Wochen Haft oder KZ je nach Belieben der Gestapo. … Im Mai '42 zogen wir, das heißt mußten wir, ausziehen, da der neue Hausherr selbst unsere Wohnung bezog. …

2.11.46

Also im August '42 kam der Deportationsbefehl nach Theresienstadt. Er betraf alle über 65jährigen Männer und Frauen, ausgenommen die in der Ballonfabrik Beschäftigten (diese war damals in der Kammgarnfabrik untergebracht und ca. 60 jüdische Frauen arbeiteten dort und sollten dort über Kriegsdauer gesichert sein). Von der damaligen Evakuierung wurden ca. 200 oder darüber betroffen (ausgenommen waren auch jüdi. Mischehenpartner, wenn der arische Teil noch lebte, und die Witwen und Witwer, die mit Juden verheiratet waren).
Am 11. Januar 43 kam die Verordnung, daß jüdische Partner verstorbener arischer Eheleute nach Theresienstadt evakuiert wurden. … Die Synagoge wurde von der Wehrmacht beschlagnahmt. Die Bewohner derselben kamen in eine Militärbaracke im Kammgarnquartier. Es war eine elende Baracke, in die es hineinregnete und ohne sanitäre Einrichtung. Kaum waren die Leute darin, kam Anfangs März die Evakuierung aller in der Ballonfabrik beschäftigten Frauen nach Birkenau (Teillager von Auschwitz). …
Nachdem die Baracke durch den Abtransport der Inwohner geräumt war, blieb nur noch F. mit Tochter als Slowaken zurück und 7 Mischehepaare

wurden dorthin umgesiedelt, 15 Personen. Einige Wochen später wurden F.s evakuiert nach Theresienstadt. Die Tochter kam von dort nach Auschwitz. Das Leben in der Baracke kann ich nicht so schildern. Sie stand auf einer Wiese, es regnete in Strömen durchs Dach in die Betten, daß man Wassereimer hineinstellen mußte. Erwähnen möchte ich, daß das Haus in der Hallstr. ans Finanzamt überging und von Beamten desselben als Wohnhaus beschlagnahmt wurde. Wir wurden aus demselben binnen 24 Stunden hinausgeschmissen.

4.11.46

... Also das Leben in der elenden Baracke im Kammgarnquartier Geisbergstr. auf einer offenen Wiese war verheerend. Ich durfte in der Stadt keine Trambahn benutzen, selbst als ich wegen schwerer Kreislaufstörung und Krämpfen im Bein nicht gehen konnte, wurde mir die Benutzung der Straßenbahn zum Arzt von dem jüd. Gestapospitzel in München, bei dem ich diesbezügl. Erlaubnis erwirken mußte, verweigert. Oft genug kam die Gestapo in die Baracke und man zitterte und sagte sich, was wird jetzt wieder los sein. Bei Fliegerangriffen mußten die jüdischen Partner in der Baracke bleiben, es gab natürlich keinen Keller, keinen aufgestockten Raum, sondern nur Parterre, war ganz aus Latten zusammengenagelt, kein Stein oder Maurermaterial dazu verwendet. Nur die arischen Teile durften in die Keller der Nachbarschaftshäuser. Doch waren diese Wohnungsinhaber so human, daß sie auch unsere Kellerbenutzung im Stillen duldeten.

Am 25./26. Febr. 1944 kam ein Großangriff auf Augsburg und um ½ 11 Uhr brannte die Baracke lichterloh, wurde mit allem, was darin war, das gesamte Hab und Gut der Inwohner, binnen 20 Minuten ein Opfer der Flammen. ... Nichts konnte gerettet werden. ... In dieser Nacht wanderten wir mit noch zwei Familien über brennende Felder und durch Bombentrichter mit Zeitzündern, an toten Menschen vorbei, nach Hochzoll, von dort wurden wir nach Eismannsberg bei Friedberg transportiert (die vier anderen kamen nach Bachern bei Friedberg). Dort blieben wir drei Tage unter traurigsten Verhältnissen. Nach Umlauf dieser drei Tage mußten wir von den Nazis aus nach Friedberg zurück innerhalb drei Stunden (18 km), dort wurde ich und meine Frau verhaftet und in ein Ausländerlager von Russen und Italienern in eine Fabrikhalle gebracht, um von dort abtransportiert zu werden. Erst als ein Friedberger Herr meine Frau als Arierin feststellte, wurden wir entlassen und die Verhaftung als Fehlgriff bezeichnet. Nach Augsburg zurück konnten wir nicht, da die Stadt infolge der starken Zerstörung und Brände keine Unterkunftsmöglichkeit mehr bot. Nun wurde uns von der Partei nach vielfachen schikanösen Auflagen als Wohnraum ein Dachmansardenzimmerchen von ca. 12 m² zugewiesen im Kloster Herrgottsruh, den anderen zwei Parteien, die von Bachern nach

Friedberg zurückmußten, ebenso. Vom Kloster durften wir auf Nazigeheiß nichts beziehen, den Kaffee und Essen mußten wir wochenlang ¾ Stunden entfernt holen, war eiskalt und minderwertig. Ohne Geschirr, in Pappbechern, die man wochenlang benutzen mußte.
Die Nazis setzten mich nunmehr zur Arbeitsleistung zu Schreibarbeiten in der Friedberger Apotheke ein. Der Besitzer durfte mir kein höheres Gehalt als 5 RM wöchentlich zahlen, aber er scherte sich nicht darum, schenkte mir jede Woche etwas. Ich muß dem Mann wegen seiner persönlichen Loyalität mir gegenüber wie auch von Seiten seines gesamten Personals heute noch dankbar sein, nie hörte ich ein unschönes Wort oder sonst eine beleidigende Bemerkung in diesem Geschäft. Im Gegenteil, es wurde mir von diesen mit größter Achtung begegnet. Mit der Zeit bekamen wir etwas Kochgeschirr und konnten auf einem el. Kocher oder Öfelchen unser Essen selbst bereiten. S. und W. fuhren jeden Tag zur Arbeit bei Thosti und Fuchs nach Augsburg und kamen abends zurück.
So ging das bis zum 8. Februar 45, also ein volles Jahr. An diesem Tag kamen die 3 Einschreibebriefe der Gestapo, daß wir uns am 22.2. zum Abtransport für den Sonderarbeitseinsatz bei Bernh. Müller Morellstraße mit notwendigstem Gepäck einzufinden hätten. Berufung hiergegen gab es nicht. Nichterscheinen bedeutete KZ. Ich wußte sofort, was das alles bedeutete. Geld und Wertsachen konnten in unbegrenzter Höhe mitgenommen werden. In der Stadt und in Schwaben waren von dieser Gestapoverordnung ca. 25 Personen (der Rest aller Juden) betroffen. …
So kamen wir in 48stündiger Dauerfahrt in verschlossenem Waggon unter SS-Begleitung zum „Arbeitseinsatz", und zwar für Zeit und Ewigkeit, wie es bestimmt war, ins KZ Theresienstadt b. Prag. Wir wußten bis wir an Ort und Stelle waren nicht, wohin es ging. Erst als der Schlagbaum von Theresienstadt sich hob und nach unserem Durchmarsch wieder herunterging, wußten wir, daß wir in die Falle gingen und in der Falle saßen. Der Empfang dortselbst durch Ausplünderung des Geldes und der Wertsachen durch die SS überzeugte uns davon. Bei der körperlichen Durchsuchung – auch Bruchbänder, Krücken wurden peinlich visifiziert, wurde alles und Wertsachen bis aufs Letzte von der Gestapo abgenommen, Scheinquittungen zum Unterschreiben vorgelegt. Ich hatte z.B. 202 RM bei mir und mußte quittieren, daß ich 150 RM abgeliefert habe, die restlichen 52 RM fielen gleich in die Tasche eines Gestapoverbrechers. So war es bei Allen.
Nun begann ein Hundeleben. Bei meiner erschütterten Gesundheit durch die jahrelange Verfolgung war es Gottes Wunder und Hilfe, daß ich durchgehalten habe und Gott mir und meiner Frau die Kraft und Stärke schenkte, auszuhalten. Denn meine Frau wußte nicht, wohin ich verschleppt wurde. Korrespondenz gab es beidereits nicht. Sie hat mit und für mich alle Leidenszeiten unentwegt und unbeirrt getra-

gen. War es schon schwer, Juden-Lebensmittelkarten in den Geschäften unterzubringen, jede einzelne Marke war mit „Jude" gestempelt, Fleisch, Milch, Eier, Weißmehl, Obst, Fischmarken bekam ich sowieso nicht. Sie hat alles bis zum Letzten getragen und durchgekämpft.

In Theresienstadt fand man von den früher dorthin verschleppten Bekannten (es wurde damals als jüd. Altersheim nach außen hin aufgezogen, war aber nie was anderes als KZ) fast niemand vor, außer z.B. Frau Sophie R., Frau Dr. E., Frau G., E., Dr. Mühlhauser (blind). Alle anderen waren nur auf nacktem Fußboden ohne Stroh schlafend, bei mangelhaftester Ernährung durch Typhus, Ruhr, Hunger heimgegangen oder bei Nacht und Nebel abtransportiert worden zum Arbeitseinsatz, kamen nach Auschwitz, wo sie bei Ankunft sofort vergast wurden, das sind Hunderttausende. Theresienstadt bot Platz für 10.000, es waren bis zu 60.000 dort, vollständig verwanzt und verlaust auf Holzschragen absterbend. Wenn ich nicht so detailliert auf all das eingehe, so will ich meine Nerven nicht neuerdings über all das Schreckliche, was gesehen und mitgemacht, belasten. Denn nachts zum Appell antreten um ½ 2 Uhr und vor die feuerbereiten Maschinengewehre und gezogenen Maschinenpistolen aufgestellt zu werden oder einzeln an denselben vorbeimarschieren zu müssen, ist ein Kapitel für sich.

Am 8. Mai kam der Russeneinzug in letzter Stunde und sie befreiten uns. Denn es war Ordre ergangen an die SS vor dem Einmarsch ganz Theresienstadt in die Luft zu sprengen, was durch den schnellen Einmarsch verhindert wurde. Nun kam eine bessere Verpflegung, die Sehnsucht, nach Hause zu kommen, wurde immer größer. Nun fehlte es an Transportmitteln. Ich war bis auf die Knochen abgemagert, litt an chron. Darmkatarrh und glaubte, daß ich die Rückfahrt nicht überstehen werde. So sehr war ich körperlich herunter. ... Unterdessen wurden wir im deutschen Radio mit Namen aufgerufen und da erst erfuhr meine Frau endgültig, daß ich in Theresienstadt noch am Leben bin und auf meine Abholung warte. Nach monatelangen Bemühungen erst gelang es, das hiesige Rote Kreuz mobil zu machen, welches im Juli ein Sanitätsauto sandte und uns 20 Personen ... mit nach Augsburg nahm, wo mich meine Frau bald nicht mehr erkannte, so abgerissen und mager, daß die Knochen vorstanden, kam ich an. Wir wohnten dann noch bis Oktober in Friedberg, bis uns die amerik. Militärregierung die Wohnung von Mändle Bahnhofstr. (Möbel Marx Haus) überließ, wo wir jetzt leben. Wenn ich mich auch körperlich wieder erholt, mein in Th. geholtes Darmleiden ist mir geblieben. ...

*

Alex Oberdorfer teilt dann mit, daß ihm die Stadt den Posten des Städt. Museumsdirektors angetragen hat, den er ablehnte. Stattdessen ist er stellv. Oberapotheker im Augsburger Hauptkrankenhaus geworden. Er ist damals 66 Jahre alt.

13.1.47

... Wie oft, glauben Sie, daß jetzt an mich herangetreten wird, um denen zu helfen, die an unser aller Geschick maßgebend beteiligt waren und nichts versäumten, um uns das Leben voll und ganz zu verbittern. Heute umschmeicheln sie uns, nachdem sie jahrelang vor uns ausgespuckt haben, wollen stets mit uns Mitleid gehabt haben, nachdem sie in Wirklichkeit wie die Aasgeier nicht schnell genug in den Besitz der uns von der Gestapo etc. geraubten Sachen, Möbel, Bilder, Pelze, Radios, Silber, Schreibmaschinen, Schmuck usw. kommen konnten.

Zweimal Dr. Kurt Weigert: Als junger Arzt mit Frau Frida im Auto ...

Familie Kurt Weigert aus Sonthofen

Nach der Verfolgung Ehrenbürger geworden

Chroniken lassen nie eine Ruhmestat unerwähnt; sie verharmlosen oder verschweigen dagegen häufig das Unrühmliche. Beispiel Sonthofen: In einer Chronik wird erwähnt, daß am örtlichen Krankenhaus seit 1913 der Chirurg Dr. Kurt Weigert tätig war. Auch die Mitteilung, daß dieser 1945 wieder als leitender Arzt ins Haus kam, fehlt nicht. Mit dem Mantel der Nächstenliebe wird dagegen in diesem Kapitel überdeckt, daß der geschätzte Arzt 1935 die Klinik verlassen mußte, weil er jüdische Eltern hatte!

Daß die mühevoll erkämpfte Gleichberechtigung der deutschen Juden nicht das Ende von Vorurteilen und Benachteiligungen bedeutete, hatte den Dr. Kurt Weigert schon früh die Geschichte der eigenen Familie gelehrt. In einer Plauderei aus seinem Leben berichtet er: „Im Alter von elf Jahren sagte ein Mitschüler zu mir: 'Deine Eltern sind Juden'. Mir erschien das völlig unglaubhaft, jedoch mein Vater belehrte mich: Er sei eines Tages zum Oberlandesgerichtspräsidenten Exzellenz Kurlbaum geladen worden. Der habe gesagt: 'Herr Amtsrichter, Sie sind gut qualifiziert. Ich möchte Sie an das Oberlandesgericht berufen. Das geht aber nur, wenn Sie sich taufen lassen. In ganz Preußen werden nur drei ungetaufte Juden als Oberlandesgerichtsräte zugelassen'. Mein Vater wollte seinen Glauben nicht äußerer Vorteile wegen aufgeben. Er beschloß jedoch, meinen Bruder Carl und mich taufen zu lassen, um uns ähnliche Gewissenskonflikte zu ersparen."

Doch im 3. Reich schützt auch die Taufe Söhne jüdischer Eltern nicht mehr vor Benachteiligung, Entrechtung, Verfolgung. Landrichter Weigerts Sohn Carl, selbst Oberlandesgerichtsrat in Frankfurt, verübt 1942 mit seiner halbjüdischen Frau Ella und der Schwiegermutter Selbstmord, um der Deportation in die Gaskammern zu entgehen; Sohn Kurt verliert 1935 die Stellung im Krankenhaus Sonthofen, 1938 sogar die Approbation als Arzt.

... und im Alter

Dr. Kurt Weigert läßt sich 1913 in Sonthofen nieder. Er hat an den Universitäten in Heidelberg, Freiburg, Tübingen, München und Berlin studiert und 1904 die Berechtigung erworben, als Arzt zu praktizieren. Danach erweitert er seine Ausbildung in Chirurgie und Geburtshilfe an verschiedenen Krankenhäusern und läßt sich buchstäblich den Wind um die Nase wehen. Als Schiffsarzt kommt er in viele fremde Länder und lernt auch in Deutschland so gut wie unbekannte Krankheiten kennen.

In Sonthofen leitet Chirurg Weigert an fangs das Distrikthospital der kleinen Stadt und ab 1920 das neue Krankenhaus. Als der Erste Weltkrieg ausbricht, meldet er sich freiwillig zum Militär, doch erklärt ihn der Bürgermeister von Sonthofen für unabkömmlich, weil sonst weithin kein Chirurg vorhanden ist. Das Gebiet, in dem Dr. Weigert Kranke betreut, reicht im Osten bis ins Tannheimer Tal, im Süden bis nach Einödsbach und im Südwesten bis ins Kleine Walsertal.

1935 wird dem geschätzten Leiter des Krankenhauses gekündigt. Es ist das Jahr, in dem die Nationalsozialisten die Nürnberger Rassengesetze verkünden. Dr. Kurt Weigert ist zwar getauft und Christ; weil die Eltern jüdisch sind, gilt er jedoch nicht als „arisch". Unter den Patienten spricht sich schnell herum, daß Dr. Weigert das Krankenhaus verlassen muß. Aller Hetze gegen die Juden zum Trotz trauen sich so viele dankbare Allgäuer mit Blumen und Geschenken zu „ihrem Doktor", daß der sich vorkommt, als nehme er das Beileid beim eigenen Begräbnis entgegen. Andererseits rühren ihn die Zeichen der Dankbarkeit und Anhänglichkeit so sehr, daß er den Mut hat, sich ein Auto zu kaufen, einen Opel P 4.

Kurz vor den November-Pogromen, am 1. Oktober 1938, trifft den Dr. Weigert der schwerste Schlag: Es wird ihm die Approbation entzogen. Er muß die Praxis schließen und darf nicht mehr den Arztberuf ausüben. Bald darauf darf er auch kein Auto mehr besitzen, muß er das Haus in der Altstädter Straße 1 verkaufen. Doch auch in der Stunde der Not bleiben ihm Freunde. Die Holländerin Laman Trip - de Beaufort, die in Oberstdorf das Jugenderholungsheim „Hohes Licht" betreibt, schreibt aus Katwijk an Zee an das Bezirksamt Sonthofen: „Herr Dr. Weigert hat in all den vielen Jahren die mir anvertrauten Kinder in so vorzüglicher und gewissenhafter Weise versorgt, daß er sich einen ganz besonderen Ruf unter den Eltern unserer niederländischen Patienten erworben hat. ... Um meine holländische Klientel zurückgewinnen zu können, würde es von großer Bedeutung sein, wenn ich darauf hinweisen könnte, daß in der ärztlichen Betreuung der Kinder keinerlei Veränderung eingetreten ist."

Es ist nicht mehr festzustellen, ob allein dieses Schreiben aus einem anderen Land ein kleines Wunder bewirkt oder ob auch andere Fürsprecher daran mitgewirkt haben. Am 28. März 1939 jedenfalls entscheidet das Staatsministerium des Innern in München, daß „auf Vorschlag der Reichsärztekammer dem Juden Dr. Kurt Weigert, geboren am 20. Juni 1881 in Stettin, wohnhaft Sonthofen/Allgäu, widerruflich gestattet wird, den ärztlichen Beruf auszuüben."

Inzwischen jedoch sind die Weichen anders gestellt. „Der jüdische Krankenbehandler Dr. Kurt Israel Weigert hat auf die Ausübung seiner Tätigkeit verzichtet, da die wenigen noch im Bezirk Allgäu ansässigen Juden in etwa 14 Tagen auswandern", teilt die Reichsärztekammer in Berlin am 13. April 1939 mit.

Einige Monate darauf verläßt das Ehepaar Weigert Sonthofen. Weil von dort mehrere jüdische Ärzte ausgewandert sind, stellt ihn das Jüdische Krankenhaus Mannheim an. Das Klinikgebäude wird im Herbst 1941 vom Reichsführer SS und Chef der deutschen Polizei „für Reichszwecke" beschlagnahmt. Unter immer schwieriger werdenden Bedingungen versorgt Dr. Weigert von da an im Jüdischen Altersheim die immer geringer werdende Zahl seiner Patienten. Muß ein chirurgischer Eingriff vorgenommen werden, verweist er sie an einen nichtjüdischen Kollegen, den Professor Zenker. Als Dr. Kurt Weigert 1943 oder 1944 selbst wegen eines Prostata-Leidens operiert werden muß, vertraut auch er sich dem Kollegen an. Sohn Ulrich Weigert: „Operation und Krankenhauspflege waren einwandfrei und gut. Wenn man über all die Grausamkeiten der Nazizeit berichtet, darf man nicht vergessen, daß es auch Leute wie den Professor Zenker gegeben hat."

Frau Frida Weigert ist evangelische Christin, die Kinder werden nicht jüdisch erzogen. Nach der Klassifizierung der Nazis lebt Dr. Kurt Weigert in einer privilegierten Ehe. Diese schützt ihn vor der Deportation, doch erhält er im Februar 1945 vom Kommandeur der Sicherheitspolizei für Baden und das Elsaß die Aufforderung, sich zu einem „geschlossenen Arbeitseinsatz" zu melden. „Sie werden hiermit zum geschlossenen Arbeitseinsatz auf Dienstag, den 13. Februar 1945 um 23 Uhr nach Z5 Nr. 7/8, III. Stock vorgeladen. Es sind Lebensmittel für 5–6 Tage mitzubringen. Die Lebensmittelkarten können deshalb vorgegriffen werden, und der Rest Ihrer Karten ist hier abzuliefern. An Gepäck kann mitgenommen werden, was Sie zu tragen in der Lage sind. Falls Sie der Vorladung keine Folge leisten, haben Sie Ihre Festnahme und Einlieferung in ein KZ zu gewärtigen. Die Kennkarte und das Schreiben sind mitzubringen."

Dr. Kurt Weigert kommt indes nicht mehr in ein Arbeitslager. Vermutlich bewahren ihn sein Alter von über 60 Jahren sowie seine Tätigkeit als „Krankenbehandler" davor. Er überlebt das Dritte Reich – und bald nach dessen Ende erinnern sich auch einige Leute in Sonthofen des tüchtigen ehemaligen Krankenhaus-Leiters. Ein Sonthofener soll sich nach Dr. Weigerts Schicksal erkundigen. Auf einer Mannheimer Rheinbrücke fragt der Mann einen Polizisten, ob der einen Dr. Weigert kenne. Antwort: „Da steht er ja mit seinem Fahrrad." So kehrt der Chirurg im Herbst 1945 ins Allgäu zurück. Bis 1956 bleibt er Krankenhausleiter. Dann nimmt er seinen Abschied. Ein paar Jahre lang vertritt er noch Arzt-Kollegen und arbeitet als Schularzt. Im Herbst 1963 verzieht das Ehepaar Weigert nach Heidelberg und hat das Glück, dort noch einen langen gemeinsamen Lebensabend verbringen zu können.

Nochmals die Sonthofener Chronik. Sie vergißt nicht zu erwähnen, daß Dr. Kurt Weigert 1964 zum Ehrenbürger ernannt worden ist. Er ist der erste in der Geschichte Sonthofens. „Als erster Arzt an dem 1920 eröffneten Krankenhaus Sonthofen hat er über 25 Jahre als leitender Krankenhausarzt den Ruf des Hauses begründet. Er war ein wahrer Helfer der Menschen, erfüllt von humanitärer Gesinnung und sozialer Einstellung. Die Folge der schicksalsschweren Jahre nach 1935 hat Dr. Weigert mit Würde getragen und nach 1945 sofort wieder bis ins vorgerückte Alter als Arzt mit hohem Berufsethos und mit menschlicher Wärme verdienstvoll für die Stadt Sonthofen und das Wohl ihrer Bürger gewirkt." Mit diesen Worten rühmt die Ehrenbürger-Urkunde den verdienten Mediziner, der auch viele Jahre Vorsitzender des Ärzteverbandes Oberallgäu gewesen ist. Die Auszeichnung wird ihm beim Bayerischen Ärztetag im Oktober in

Oberstdorf überreicht. Als Dr. Weigert im November 1978 97jährig stirbt, eignet er der Stadt testamentarisch 5 000 Mark zu. Der Stadrat beschließt, ihm auf dem städtischen Friedhof ein Ehrengrab einzurichten. Erster Bürgermeister Karl Blaser nennt Dr. Kurt Weigert in der Grabrede „ein leuchtendes Vorbild menschlicher Größe und menschlicher Güte"; er hebt auch hervor, daß der Chefarzt nach dem Zweiten Weltkrieg ohne Groll, ohne Rachegefühle und ohne Haß nach Sonthofen zurückgekehrt sei.
Frida Weigert schließt 1981 die Augen für immer. Die Kirche bedeutete ihr stets viel. Doch obwohl gläubige Christin, ist die Scheidung von ihrem jüdischen Mann während des Dritten Reichs nie ein Thema unter den Eheleuten gewesen. Sie stehen in guten wie in schlechten Zeiten treu zusammen. Aber selbstverständlich haben sie daran gedacht, Hitler-Deutschland den Rücken zu kehren. In England und in Amerika lebten Verwandte. Um in diesen Ländern Arzt sein zu dürfen, hätte Dr. Weigert seine Examina neu ablegen müssen – als über Fünfzigjähriger! Andererseits verboten ihm die Devisen-Bestimmungen des Dritten Reichs, das Vermögen mit ins Ausland zu nehmen und davon zu leben. So sind Kurt und Frida Weigert in Deutschland geblieben. Die drei Kinder dagegen wandern aus: Ulrich (geboren 1914) und Gertrud (geb. 1916) nach England, Helmut (geboren 1918) nach Südafrika.
Im Religionsunterricht der Schule hatte Ulrich Weigert erstmals etwas über die

Gertrud Weigert als Krankenschwester

Juden erfahren: „Der Pfarrer erklärte uns, daß Jesus von den Juden ermordet wurde. So war das erste, was ich von den Juden hörte, daß sie scheußliche Menschen sein mußten. Von meinen jüdischen Vorfahren wußte ich bis dahin nichts. Erst als klar wurde, daß die Nazis an die Macht kommen könnten, erklärte mein Vater uns Kindern seine jüdische Abkunft. Für mich war das ein großer Schock, wo ich die Juden doch für so scheußliche Menschen gehalten hatte. Zum Glück hatte ich genügend gesunden Menschenverstand, um nicht meine jüdischen Großeltern zu verleugnen, sondern mir zu sagen: 'Da hat

etwas mit dem Religionsunterricht nicht gestimmt'."
Die Rassengesetze machen die evangelischen Weigert-Kinder zu „jüdischen Mischlingen". Ulrich Weigert schließt deshalb das Studium im englischen Manchester ab. Er ist von Kind an schwerhörig und hat es schwer, die Vorlesungen akustisch zu verstehen. Aber er schafft es und erwirbt im Fach Chemie den akademischen Grad eines „Bachelor of Science".
1939 der Ausbruch des Zweiten Weltkriegs. Vater Weigert hatte in Sonthofen einmal eine Tochter des englischen Premierministers Baldwin ärztlich behandelt. Sie bezeugt, daß Ulrich und seine inzwischen ebenfalls in England lebende Schwester Gertrud Weigert wegen ihrer Abstammung in Deutschland verfolgt werden. Eine so namhafte Fürsprecherin macht Eindruck auf die Behörden, und sie stufen die beiden als Flüchtlinge ein, nicht als feindliche Ausländer.
Doch nachdem die Deutschen im Mai 1940 Holland überrannt haben, nimmt die Furcht vor deutschen Spionen und Agenten panikartige Züge an. Auch Ulrich Weigert wird nun interniert und – schlimmer noch – nach Kanada gebracht. Wie Australien hat sich das Land bereit erklärt, England eine Anzahl seiner gefährlichen Ausländer abzunehmen. Vor dem Schiff, auf dem Ulrich Weigert die unfreiwillige Reise macht, fährt die „Arandora Star" und wird torpediert. Mit ihr versinken mehr als 600 Menschen in die Tiefe. Ulrich Weigert: „Die menschliche

Ulrich Weigert

Fracht unseres Schiffes bestand aus kriegsgefangenen Deutschen, als Nazis verdächtigten Verhafteten und in der Mehrzahl aus politischen Flüchtlingen meist jüdischer Abstammung. Wir waren hinter Stacheldraht in den Bunkern unten. Wären wir torpediert worden wie die 'Arandora Star', wären wir alle ertrunken. Es war grauenhaft. Man traute uns nicht einmal, wenn wir zur Toilette gingen. Viele hatten Durchfall und wir hatten nur ein paar Eimer – unvorstellbar." Ulrich Weigert meint sich zu erinnern, daß unter den Internierten auch ein Enkel des letzten deut-

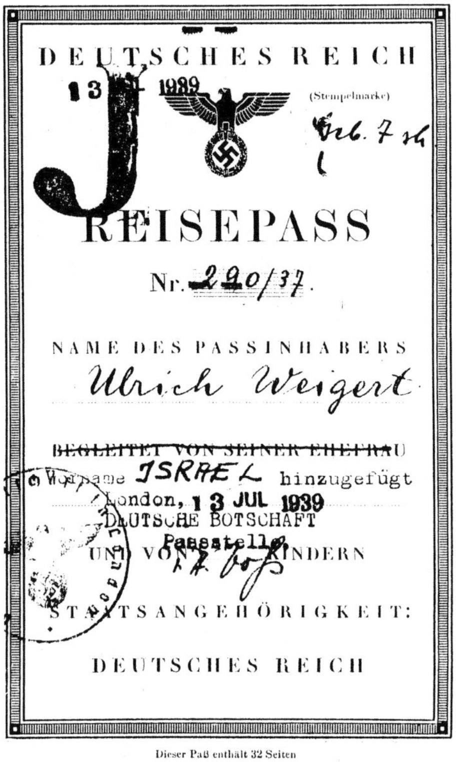

DEUTSCHES REICH
13 1939 (Stempelmarke)
REISEPASS
Nr. 220/37.
NAME DES PASSINHABERS
Ulrich Weigert
~~BEGLEITET VON SEINER EHEFRAU~~
Vorname ISRAEL hinzugefügt
London, 13 JUL 1939
DEUTSCHE BOTSCHAFT
Passstelle
UND VON KINDERN
STAATSANGEHÖRIGKEIT:
DEUTSCHES REICH
Dieser Paß enthält 32 Seiten

„Vorname Israel hinzugefügt": Reisepaß von Ulrich Weigert mit zusätzlicher Eintragung aus dem Jahr 1939

schen Kaisers gewesen und mit der Reinigung von Toiletten beschäftigt gewesen sei. Die Tatsache, daß einige kriegsgefangene Deutsche und Offiziere oben auf dem Schiff in Kabinen reisen, während die Hitler-Gegner in drahtverhauenen Bunkern sitzen, veranlaßt ihn zu der wohl über den Tag hinaus gültigen Feststellung: „Militärs können zwar kämpfen, aber in politisch empfindsamen Fragen haben sie keine Ahnung."

Etwa eine Woche lang ist das Schiff unterwegs. An einem See in der kanadischen Provinz Ontario, später in der Nähe von Montreal werden die Internierten eingesperrt, „als ob wir ganz gefährlich wären". Die Ernährung sei ausgezeichnet, die Bewegungsfreiheit miserabel gewesen, resümiert Ulrich Weigert. Im Februar 1941 wird er wieder nach England zurückgebracht, aber nicht in die Freiheit: Nach der stürmischen Überfahrt landen er und seine Leidensgefährten wieder hinter Stacheldraht, diesmal auf der englischen Insel Isle of Man.

Unter den Internierten, denen Ulrich Weigert dort begegnet, befinden sich Männer, die im Spanischen Bürgerkrieg in der kommunistischen Internationalen Brigade gegen den Faschisten General Franco gekämpft haben. Sie sind nach ihrer Niederlage nach Frankreich geflohen und dort im Lager Gurs am Fuß der Pyrenäen interniert gewesen. Nun sitzen diese Männer, die gewiß keiner Sympathien für Hitler verdächtig sein können, in einem englischen Internierungslager. Auch Gurs bleibt nicht lange unbelegt. Den Rotspaniern, wie sie damals genannt werden, folgen deutsche Juden und Jüdinnen aus Baden. Eine davon ist Ulrich Weigerts Großmutter. Von Freiburg aus ist die Witwe Agnes Weigert im Oktober 1940 deportiert worden. Daß sie 86 Jahre alt ist, rührt die Nazis nicht. Nach elfmonatigem Aufenthalt in Gurs stirbt sie an Ruhr, einer im Lager weitverbreiteten Darminfektion. Ulrich Weigert erfährt später, daß ein

Camp Q in Canada: Eine Zeichnung, die Ulrich Weigert während seiner Internierung in diesem kanadischen Lager anfertigte.

von ihm von der Isle of Man geschriebener Brief die Großmutter noch erreicht hat in Gurs – der letzte Gruß des Enkels von Internierungslager zu Internierungslager.

Die auf der Isle of Man Internierten werden nicht schlecht behandelt und ordentlich versorgt. Aber der Mensch lebt nicht vom Brot allein, er besitzt auch Kopf und Seele. Ulrich Weigert ist sicher, daß seine seelisch-psychische Verfassung Ursache dafür ist, daß er in diesem Lager einmal vier Wochen lang keinen Stuhlgang hat. „Das besserte sich schlagartig, als ich die Aussicht hatte, entlassen zu werden." Im Dezember 1941 ist es soweit: Nach 18 Monaten seines Lebens, die er hinter Stacheldraht verbringen mußte.

Wieder ein freier Mann, wird Ulrich Weigert Landarbeiter. Den Beruf, den er studiert hat, kann er erst nach Kriegsende ausüben. 1947 wird er Chemiker in einem Betrieb der englischen Stahlindustrie und bleibt in dieser Stellung, bis er und seine Frau Barbara sich zur Ruhe setzen.

Auch Schwester Gertrud lebt in England. Sie ist nach dem Zweiten Weltkrieg zeitweise auch in Deutschland und der Schweiz beruflich tätig gewesen, im Sommer 1951 aber auf die Insel zurückgekehrt und hat als Krankenschwester und Hebamme gewirkt.

Gertrud Weigert hat das Glück gehabt, von den Engländern nicht interniert worden zu sein.
Es muß noch über Helmut Weigert berichtet werden. Er wandert 1937 oder 1938 nach Südafrika aus; wird während des Zweiten Weltkriegs einige Zeit interniert, weil er Deutscher ist; studiert Mathematik an der Universität Stellenbosch; kämpft später engagiert gegen die Apartheid – also die Politik der Rassentrennung, die den Weißen jahrzehntelang die Vorherrschaft in Südafrika sicherte.
Der Dr. Helmut Weigert hilft Schwarzen, wo immer er kann. Er hat zu diesen so gute Beziehungen, daß – wie der Bruder Ulrich berichtet – ihm bei der beruflichen Karriere Steine in den Weg gelegt werden und der südafrikanische Geheimdienst ihn zeitweise überwacht. 1964 feiern Kurt und Frida Weigert ihre Goldene Hochzeit beim „südafrikanischen Sohn". Die Mutter erleidet einen Oberschenkelbruch. So kann sie nicht dabeisein, als Helmut mit dem Vater und einer schwarzen Kollegin in Grahamstown die „Black Township", den von Schwarzen bewohnten Stadtteil, besucht. Zuletzt unterrichtet er am Inanda Seminary, einer von Amerikanern gegründeten Missionsschule für schwarze Mädchen. Helmut Weigert ist felsenfest davon überzeugt, daß „schwarze Mädchen Mathematik genauso gut verstehen wie weiße Jungens."
Am 23. März 1974 macht diese Schule einen Ausflug an den Indischen Ozean. Es wird gebadet. Zwei Schülerinnen, die nicht schwimmen können, geraten in Lebensgefahr. Helmut Weigert eilt ihnen zu Hilfe. Er erreicht die Mädchen und nimmt beide bei der Hand. Weigert, ein Nichtraucher, hat zu jener Zeit gelegentlich Hustenanfälle. Ein solcher überkommt ihn in dem Augenblick, als ihn eine Welle überrollt. Er wird geborgen, sein Leben ist aber nicht mehr zu retten – zumindest nicht unter den gegebenen Umständen. Ulrich Weigert: „An einem Badestrand der Weißen wären gewiß ausgebildete Helfer zur Stelle gewesen. Man wußte auch zuerst nicht, ob man ihn in ein schwarzes oder ein weißes Krankenhaus bringen soll." Von den beiden Mädchen, denen Helmut Weigert zu Hilfe eilte, verdankt ihm eines sein Leben, das andere ertrinkt.
Ulrich Weigert reist zur Beisetzung des Bruders nach Südafrika. Dort erlebt er, wie sehr dieser von seinen Freunden und Bekannten sowie von seinen Schülerinnen verehrt wird. Eine Mischlingsfamilie nennt nach Helmut Weigerts Tod einen Sohn Edan Weigert Felix; und das Inanda Seminar stiftet im Namen Helmut Weigerts einen Preis für die beste Mathematikschülerin. Ein paar Jahre später gewinnt diese Auszeichnung jenes Mädchen, das von Helmut Weigert vor dem Ertrinken bewahrt worden ist.
Gertrud und Ulrich Weigert haben die Einstellung ihres Bruders stets geteilt. Sie sind überzeugt davon, daß sein Kampf gegen die Politik der Rassentrennung in Südafrika mit dessen Erfahrungen im Dritten Reich zusam-

Dr. Helmut Weigert in Südafrika mit Schülerinnen des Inanda Seminary

menhängt. Der Bruder sei in Deutschland zwar nicht mißhandelt worden, weil er rechtzeitig auswanderte. Das seelische Leid, das er beobachtete, habe ihn aber sehr getroffen.

Ulrich Weigert verweist aber auch auf den Vater. Der habe als junger Schiffsarzt schon daran Anstoß genommen, daß ihm in einem Park in Schanghai ein Schild begegnete: „Das Betreten ist den Chinesen verboten und chinesischen Kindermädchen nur dann erlaubt, wenn sie europäische Kinder begleiten". Es habe den Vater auch empört, daß „sein" Kaiser Wilhelm II. 1900 in Kiel das zur Niederschlagung des sogenannten Boxeraufstands nach China entsandte deutsche Expeditionskorps mit den Worten verabschiedete: „Pardon wird nicht gegeben". Der Vater habe mehr als einmal betont: „Der Kaiser brach damit die Genfer Konvention. Das habe ich ihm nie vergeben."

Ulrich Weigert: „Für meinen Bruder gehörten die Erziehung im Elternhaus sowie die rein persönliche Erfahrung im Dritten Reich zusammen. Das gilt auch für meine Schwester und für mich. Wir haben immer hinter der Haltung des Bruders gestanden."

Quellen:
Interview;
Aufzeichnungen von Dr. Kurt und Ulrich Weigert;
Dokumente;
Stadtarchiv Sonthofen;
„Sonthofen im Wandel der Geschichte"; Kempten, 1978;
Fliedner, Hans-Joachim: „Die Judenverfolgung in Mannheim 1933–1945", Band 2; Stuttgart, 1971;
„Allgäuer Anzeigenblatt" vom 19.12.1978;
Briefe.

Ernst und Regina Feller aus Lauingen

Aus der Judenkartei gestrichen

Den Namen Feller kennt jedes Kind in Lauingen. Der sogenannte Schmalkaldische Krieg des Kaisers Karl V. bringt 1546 den ersten Träger des Namens in die Stadt. Er ist der Stammvater vieler Generationen von Webern. 1879 gründet Josef Feller die Tuchfabrik. Mit ausdrücklicher Erlaubnis seiner königlichen Hoheit Ludwig II in München nennt er die Tuchfabrik Ludwigsau J. Feller & Co. Seitdem gibt der Betrieb vielen Lauingern Arbeit und Brot.

Einer von Josef Fellers Söhnen – Ernst – wird lungenkrank. Im mondänen Schweizer Kurort Arosa soll er sich kurieren. Er kehrt ohne die Krankheit, aber mit einer Braut zurück. Sie heißt Regina Rebeca Finkelstein und wird als eine mondäne Frau beschrieben, deren elegante Kleidung Aufsehen erregt im Städtchen.

Im Dritten Reich wird Regina Rebeca Feller zum Politikum. Offensichtlich erschrocken über die verspätete behördliche Kenntnisnahme meldet das Bezirksamt Dillingen am 16. Januar 1936 an die Regierung von Schwaben und Neuburg: „Wie sich erst jetzt herausstellte, ist die Ehefrau des Fabrikbesitzers Ernst Feller in Lauingen (Ludwigsau) – Rebekka geborene Finkelstein – nicht arisch. Sie ist am 27.4.1894 zu Galatz geboren und hat mit Feller am 3.7.1919 vor dem Standesamt St. Gallen die Ehe geschlossen. Sie hat sich katholisch taufen lassen; sie besaß früher die rumänische Staatsangehörigkeit."

Es wäre ein Irrtum, zu vermuten, daß die jüdische Abstammung der Frau Feller den Nationalsozialisten so lang verborgen geblieben ist wie der Behörde. Schon zu Beginn des Dritten Reichs wird Beschäftigten der Tuchfabrik in der Ludwigsau vorgehalten: „Wie könnt ihr nur in dem jüdischen Betrieb arbeiten?" Ernst Feller wird gedrängt, den Vorsitz im Ruderclub niederzulegen; dieses Problem wird auf „Lauinger Art" gelöst, indem Bruder Roman

Vorsitzender und Ernst auf den Posten des Ehrenvorsitzenden abgeschoben wird. Außerdem tritt Roman Feller im Juni 1933 in die NSDAP ein; nicht aus politischer Neigung, wie er nach dem Zweiten Weltkrieg im Entnazifizierungsverfahren mitteilt, sondern weil er hofft, auf diese Weise etwas für Bruder und Schwägerin tun zu können. In der Tat: Die Familie kämpft für Regina Feller. Sie geht gerichtlich dagegen vor, daß diese von den Behörden in der Judenkartei geführt wird – und hat Erfolg. Am 31. Januar 1941 schreibt das Landratsamt Dillingen an die Geheime Staatspolizei in Augsburg, das Landgericht Augsburg habe am 29.11. 1940 rechtskräftig festgestellt, „daß ein

Regina und Ernst Feller im Jahr 1920

Beweis für die Eigenschaft der Feller als 'Jüdin' nicht zu erbringen sei." Bevor die Justiz so entscheidet, sind die Reichsstelle für Sippenforschung und das anthropologische Institut der Universität München eingeschaltet worden. Dessen Gutachten ergibt, daß Regina Feller keine Volljüdin ist. „Vielmehr besteht Grund zu der Annahme, daß sie Halbjüdin ist (ihr Vater und dessen Vorfahren sind Juden). Frau Feller wäre sonach als jüdischer Mischling ... anzusehen." Doch trotz Gutachten und Gerichtsurteil traut sich das Landratsamt offensichtlich noch nicht, Regina Feller wieder aus der Judenkartei zu streichen. Die Gestapo in Augsburg soll mitteilen, ob die gerichtliche Entscheidung auch für den staatspolizeilichen Vollzug „bindende Wirkung" hat. Eine angesichts der Willkür staatlicher Stellen im Dritten Reich, insbesondere der Gestapo, durchaus berechtigte Frage. Das Schreiben endet mit den Worten: „Ich bitte um Entschließung, ob hiernach Frau Feller weiterhin als 'Jüdin' in der Judenkartei zu führen ist."

Die Antwort der Gestapo liegt nicht mehr vor. Es ist aber ein Schreiben des Regierungspräsidenten in Augsburg vom 11. Juli 1941 vorhanden. Aus diesem geht hervor, daß die Behörden in Augsburg die Dillinger Anfrage nicht zu entscheiden wagen, sondern sich in Berlin rückversichern. Ergebnis: „Im Landkreis Dillingen a. d. Donau sind keine Juden mehr ansässig. Das Reichssicherheitshauptamt hat entschieden, daß die Fabrikantenfrau Rebeka Feller

geb. Finkelstein in Lauingen (Donau) nicht den für Juden gegebenen gesetzlichen Bestimmungen und Anordnungen unterworfen werden kann."
Ernst Feller und der Betrieb in der Ludwigsau bleiben den Nationalsozialisten dennoch ein Dorn im Auge. Es ist nicht beweisbar, ob geringe Rohstoffzuteilungen mit Regina Feller zu tun haben. Die Zahl der Beschäftigten – in den besten Jahren um die 200 – sinkt im Dritten Reich zeitweilig auf 23. 1944/45 wird ein Teil des Fabrikgebäudes beschlagnahmt. KZ-Häftlinge stellen darin dann Teile für Messerschmitt-Flugzeuge her. Und im November 1944 wird Ernst Feller, wie auch andere mit „nichtarischen" Frauen verheiratete Männer, aufgefordert, sich in Augsburg einzufinden, um in ein Arbeitslager eingewiesen zu werden. Wieder greift der Bruder Roman ein, zumindest nominell inzwischen Kreiswirtschaftsberater der NSDAP. Er besorgt sich bei der Industrie- und Handelskammer in Augsburg eine Bescheinigung, daß der Betrieb für die Wehrmacht Uniformstoffe herstellt und Ernst Feller technischer Leiter des Unternehmens ist. Damit erreicht er, daß die Gestapo den Bruder vom Arbeitseinsatz zurückstellt.

Regina Feller vor dem Bildnis ihres 1963 verstorbenen Mannes Ernst

Regina Feller zeigt sich in dieser Zeit wenig in der Öffentlichkeit. Arzt, Zahnarzt und Friseur seien zu ihr in die Wohnung in der Dillinger Straße 21 gekommen, wird berichtet. Ernst Feller stirbt 1963. Die grazile, stets adrett gekleidete Frau bleibt bis ins hohe Alter rege und munter – „eine elegante Dame bis zuletzt". Sie überlebt ihren Mann um viele Jahre. Als Mitgesellschafterin der Tuchfabrik, so erinnert sich Neffe Helmuth, läßt sie sich bis ins hohe Alter die Bilanzen vorlegen und versieht sie mit Bemerkungen wie „Nicht soviel investieren – da weniger Rente für mich." Regina Feller ist 94 Jahre alt, als sie 1985 neben ihrem Mann zur letzten Ruhe gebettet wird.

Quellen:
Gespräche mit Helmuth und Johannes Feller;
Dokumente;
Eidesstattliche Erklärung von Ernst Feller;
Kopie der Ausführungen von Roman Feller im Entnazifizierungsverfahren 1947 u.a.

Anmerkung:
Unterschiedliche Schreibweisen von Rebeca sind beabsichtigt, weil die Behörden in ihren Schreiben den Namen immer wieder falsch schreiben.

„Nicht aus politischer Neigung NSDAP-Mitglied geworden": Roman Feller

Carl und Amalie Zuckmayer (Oberstdorf)

„Ein Helfer in der Maske des Feindes"

In Mainz ausgebombt, fanden im September 1942 die Eltern des Dichters Carl Zuckmayer (1896–1977) Zuflucht in Oberstdorf. Gute Freunde, Moritz und Eva Noack, hatten Carl und Amalie Zuckmayer in den Allgäuer Kurort geholt, nachdem ihr Haus in Mainz bei einem Bombenangriff zerstört worden war. Die – 1966 abgebrochene – „Villa Heimat" in der Gartenstraße 128 wurde ihr neues Zuhause.
Amalie Zuckmayer geborene Goldschmidt war Nichtarierin. Ihr 1938 aus Österreich emigrierter Dichtersohn, berühmt durch Theaterstücke wie „Der fröhliche Weinberg" und „Der Hauptmann von Köpenick", bot den Eltern an, zu ihm in die Schweiz zu ziehen. Aber dem Vater, so schreibt er in seinen Erinnerungen, sei der Gedanke unerträglich gewesen, im Ausland zu sterben. Seiner Frau zuliebe hätte Zuckmayer sen. möglicherweise dennoch Deutschland verlassen. Amalie Zuckmayer jedoch hatte – so schreibt der Sohn – „die unbrechbare Zuversicht, daß ihr nichts passieren werde, obwohl sich kurz vorher einer ihrer Brüder, wie sie selbst christlicher Religion und ein angesehener Jurist, Amtsgerichtsrat, in Mainz das Leben genommen hatte, als man ihn, einen Junggesellen, aus seiner Wohnung und zum Abtransport

zwecks 'Umsiedlung' in ein Massenquartier verwies".
Amalie Zuckmayer sollte Recht behalten mit ihrer Zuversicht. Ihr Mann ist, fast erblindet, 1947 in Oberstdorf verstorben. Sie selbst lebte ab Anfang 1950 bis 1954 im Sanatorium Stillachhaus. Der Tod sei zu ihr so gnädig gewesen wie das Leben, sie sei des Nachts eingeschlafen und nicht mehr aufgewacht, berichtet der Sohn. Auf dem Waldfriedhof hat das Ehepaar die letzte Ruhe gefunden.
Noch einmal der Dichter. Er schreibt in „Als wär's ein Stück von mir" vom Wiedersehen nach dem Krieg: „Ich weiß nicht, wie ich empfunden hätte, wäre mir die Mutter ermordet worden, wäre mein Vater, der – fast erblindet – nicht ohne sie hätte weiterleben können und wollen, in Kummer und Not zugrunde gegangen. Aber sie lebten, ich konnte sie wiedersehen, und meine Mutter hatte sogar von einem 'Nazi' – auch das kam vor! – Gutes erfahren, dem Ortsgruppenleiter von Oberstdorf, der ihre 'nichtarische' Abkunft, als sie sich nach der Mainzer Ausbombung hier anmelden mußte, in den Papieren vertuschte, um sie vor einer möglichen Verfolgung oder Demütigung zu bewahren. Ein unbekannter Mensch, in der Maske des bösen Feindes, hatte meinen Eltern Gutes getan".
Dies noch: Ortsgruppenleiter der NSDAP in Oberstdorf und Erster Bürgermeister von Oberstdorf von 1934–1945 war der Bezirkskaminfegermeister Ludwig Fink.

Quellen:
Zuckmayer, Carl: „Als wär's ein Stück von mir", Wien, 1966;
Auskünfte Archiv des Markts Oberstdorf.

**** aus Augsburg*

Zuflucht in der Abtei Oberschönenfeld

Mutter Äbtissin Maria Caritas Schmidberger hat die Ereignisse während des Zweiten Weltkriegs in der Zisterzienserinnen-Abtei Oberschönenfeld bei Gessertshausen im Landkreis Augsburg niedergeschrieben. In den Aufzeichnungen findet sich diese Eintragung:

„Die Zelle 106 wurde am 1. Oktober (1943) an Herrn Dr. *** vermietet, dessen Frau eine Jüdin war, die ständig verfolgt wurde. Jahrelang mußte sie sich in Klöstern verbergen. Ihr Mann war Protestant und gelobte, wenn seine Frau und Kind gerettet blieben, würde er mit seiner ganzen Familie zum katholischen Glauben übertreten. Dies geschah auch wirklich nach dem Krieg. Die ganze Familie trat aus Dankbarkeit gegen den Schutz und Hilfe Gottes aus ständiger Todesgefahr in die katholische Kirche über. Von jener Zeit übernahm Dr. *** auch alle unsere kranken Mitschwestern in kostenlose Behandlung und erwies dadurch unserem Haus in edler, dankbarer Gesinnung zahllose Wohltaten."

Man nannte sie Mischlinge

*„Man unterscheidet:
Mischlinge 1. Grades, das sind die Halbjuden, d.h. solche, die von zwei der Rasse nach volljüdischen Großeltern abstammen.
Mischlinge 2. Grades, das sind die Vierteljuden, d.h. solche, die von einem der Rasse nach volljüdischen Großelternteil abstammen. Ein Unterschied in der Behandlung von Mischlingen 1. und 2. Grades wird in der Regel nur bei der Eheschließung gemacht." (Aus der 1. Verordnung zum Reichsbürgergesetz vom 14. November 1935. Die Darlegung weiterer Einzelheiten erstreckte sich über mehrere Seiten.)*

Lore Kraus (Liora Seewi) aus Augsburg

„Heute weiß ich endlich, wo ich hingehöre"

Lore Kraus ist Augsburgerin. Die Tochter eines nichtjüdischen Vaters und einer jüdischen Mutter beschreibt im nachstehenden Kapitel aus eigenem Erleben, was es für einen jungen Menschen bedeutete, ein „Mischling" zu sein. Die Autorin heißt heute Liora Seewi und lebt in Jerusalem.

Die absurde Nazimathematik, die mit jüdischem Blut „Verseuchte" als Dreiviertel-, Halb-, Viertel- oder Achteljuden klassifizierte, kam, sobald das Religionsbekenntnis jüdisch war, nicht zum Tragen: war dies der Fall, so galt man als Jude, damit waren die Verhältnisse eindeutig. Bei uns Kindern aus Mischehen, die keine jüdische Erziehung genossen, aber einen „volljüdischen" Elternteil hatten, war das komplizierter. Als „jüdische Mischlinge ersten Grades" hatten wir in vieler Beziehung die Pflichten deutscher Staatsbürger – dann betrachtete man uns als „Halbarier", aber nicht deren Rechte – dann waren wir „Halbjuden." Kam noch dazu, daß der jüdische Elternteil seiner Religion entfremdet war, sei es durch Assimilation oder Taufe, so konnte es zu einem gespaltenen, wenn nicht gar gestörten Identitätsbewußtsein kommen. Meine Kindheits- und Jugendjahre stehen im Zeichen dieser Ambivalenz.
Die Mischehe meiner jüdischen Mutter

Fasching 1930. Die Kraus-Kinder Max, Willy und Lore als Holländer-Kinder

mit meinem aus gut katholischer Familie stammenden Vater kam erst nach langer Freundschaft und gegen den Widerstand beider Elternhäuser zustande, und dieser Tatbestand fand in der Nazizeit seinen Niederschlag im Verhalten einiger Verwandter väterlicherseits, vor allem nach dem Tod meines Vaters.

Die Jahre vor Hitlers Machtergreifung verliefen im Familienkreise unproblematisch. Obwohl meine Mutter damals noch nicht getauft war, sympathisierte sie bereits mit dem Katholizismus, und wir Kinder wurden katholisch erzogen. Trotzdem unterhielten unsere zahlreichen jüdischen und nichtjüdischen Verwandten freundliche Beziehungen, und die Unterschiede in der Religion bildeten höchstens ein interessantes, etwas exotisches Element. Einige der jüdischen Verwandten waren streng, andere gemäßigt religiös, und einige ließen sich taufen. Manchmal fanden sich diese unterschiedlichen Tendenzen in ein und derselben Familie. Aber selbst die Abtrünnigen sagten sich nie von der Verwandtschaft los oder verleugneten gar ihre jüdische Herkunft. So wuchsen wir im Elternhaus keineswegs ignorant auf, was das Judentum angeht.

Meine lebhaftesten Eindrücke erhielt ich durch den Kontakt mit der in Augsburg ansässigen Familie von Onkel August, dem Bruder meiner Mutter. Seine Frau, Tante Hedwig, war orthodox und für ihren Sohn, meinen Vetter Lulu, schwärmte ich als kleines Mädchen, weil er ein bildhübscher junger Mann

„Als kleines Mädchen schwärmte ich für meinen Vetter Lulu": Julius Heymann aus Augsburg 1939 in Louisville (USA)

war. An einem Torafreudenfest, dem Abschlußfeiertag des Laubhüttenfestes, durfte ich mit in die schöne Augsburger Synagoge und sah ihm dort von der Frauengalerie aus zu, wie er während des Gottesdienstes mit einer Torarolle im Arm an der feierlichen Prozession teilnahm.

Als Tante Hedwigs Mutter starb, schickte man mich in das Trauerhaus mit einem Nudelauflauf – in der jüdischen Trauerwoche ist es üblich, den Hinterbliebenen Essen zu bringen, und zumindest im Schwäbischen bestanden solche Gaben oft aus runden Milch- und Mehlspeisen. Meine Mutter unterwies mich, Tante Hedwig zu versichern, der Auflauf sei in einer ganz neuen Jenaer Glasform und mit reiner Butter zubereitet worden, verstoße daher nicht gegen die jüdischen Speisegesetze. Ich fand Tante Hedwig und ihre Geschwister auf niedrigen Sitzgelegenheiten, mit eingerissenen Kleidern und lernte dadurch etwas über das „Schiwwesitzen", die sieben Trauertage nach der Beerdigung, und zugleich etwas über die jüdischen Speisegesetze, die nicht nur eine Trennung von Fleisch und Milch, sondern auch separates Geschirr verlangen. Daß Schweinefleisch verboten ist, wußte man im allgemeinen, weniger aber, daß auch das Fleisch erlaubter Tiere nur dann „koscher" ist, wenn sie rituell geschlachtet (geschächtet) wurden, was dazu führte, daß Tante Hedwig nach dem Schächtverbot im Jahre 1938 kein Fleisch mehr genoß, obwohl es den Juden damals noch erlaubt war, in Metzgereien einzukaufen. Im Krieg wurden ihnen bald die Fleischmarken und viele andere Lebensmittelzuteilungen entzogen, so daß der Hunger für sie bereits vor der Verschickung in die Vernichtungslager begann. Die Beziehung zu Onkel August und Tante Hedwig riß nie ab, bis zu ihrer Deportation nach Auschwitz im März 1943. Mit ihnen erlebten wir die ständig wachsenden Schikanen, von denen wir „arisch Versippte" weitgehend verschont waren, und das einzige, das wir

Familie Kraus 1935: Willy jun., Mutter Frieda und Willy sen. (obere Reihe von links), Max, Hans Lehner, enger Freund der Familie, und Lore (vorn)

tun konnten, war, ihre Not dank unserer Beziehungen zu guten Christen etwas zu mildern.

Über die Speisegesetze des Pessachfestes erzählte uns unsere Mutter manches aus ihrem Elternhaus, und wir besaßen auch eine „Haggada" mit beweglichen Bildern, speziell für Kinder. Neben den im Nazarenerstil illustrierten Geschichten aus dem Alten Testament gehörte diese Kinder-Haggada zu meinen Lieblingsbüchern. Während der Pessachfeiertage standen auf unserem Tisch Mazzen, allerdings zusammen mit dem für Juden während dieser Zeit verbotenen gesäuerten Brot.

Es erscheint mir heute auch bemer-

Lore Kraus (rechts) und Freundin Martha auf dem Schulweg

kenswert, daß der Adventskranz in unserer Familie mit acht statt vier Kerzen besteckt war; ob dieser Brauch nicht an den achtarmigen jüdischen Chanukkaleuchter erinnern sollte, wie denn auch damals in vielen assimilierten jüdischen Häusern „Weihnukka" gefeiert wurde?
Mein Vater und sein Bruder betrieben ein gemeinsames Geschäft in der Jakobervorstadt, und die beiden Familien wohnten im gleichen Haus. Wir bewohnten den ersten Stock – im Familienjargon waren wir die „Unteren" – über uns im zweiten lebten Onkel Carl und Tante Tilla mit ihren Kindern Theo und Mia – sie waren die „Oberen". Zu Lebzeiten meines Vaters waren die Beziehungen zwischen den beiden Familien sehr herzlich. Abwechselnd feierten wir Weihnachten und Silvester alljährlich bei den „Oberen" oder den „Unteren"; wir Kinder beider Familien besuchten dieselben Schulen. Meine Brüder Max und Willy waren etwa gleichaltrig mit Theo und Mia und daher ständige Spielgefährten; ich als das Nesthäkchen, vier Jahre jünger als Willy und Mia, hatte wenig Anteil an den Spielen der Großen. Stattdessen war ich bereits im Kindergarten eng befreundet mit Martha Sch., die wie ich eine Nachzüglerin im Kreis ihrer drei älteren Geschwister war. Dadurch waren wir beiden in unseren Familien eine Art Einzelkinder, denn solche Altersunterschiede fallen ja in frühen Jahren schwerer ins Gewicht als später. In der Schule galten Martha und ich als unzertrennlich. Das Wort „Freundin" existierte für uns nur im Singular. Bei unseren Mitschülerinnen waren wir keineswegs unbeliebt, wir wurden zu allen Kindergeburtstagen eingeladen, aber diese Mädchen waren für uns lediglich Klassenkameradinnen. Bald begannen wir unserer Freundschaft auch äußerliche Zeichen zu setzen; wir gingen oft wie Zwillinge gleich gekleidet oder kostümierten uns zur Karnevalszeit im „Partner-Look". Wir gingen gemeinsam zur Schule und nach Hause, machten unsere Schulaufgaben zusammen, spielten winters in den jeweiligen Wohnungen, sommers im großen Garten am Stadtrand, der Marthas Eltern gehörte. Als Marthas ältere Schwester eine kaufmännische Lehre begann, verbrachte ich auch den größten Teil der Sommerferien im Ferienhaus der Familie Sch. im Allgäu. Mar-

thas Mutter war meine Firmpatin, und da sie zehn Jahre jünger war als meine Mutter, beteiligte sie sich auch mehr an unseren kindlichen Spielen. Außerdem fehlte im Hause Sch. das bedrückende Element der Nazi-Repressalien. Marthas Brüder waren zwar aktive Mitglieder in Naziorganisationen und auch ihre Schwester sah ich gelegentlich in BdM-Uniform, doch schien mir das alles völlig unproblematisch, und mein Elternhaus mischte sich nicht ein. Wohl bemerkte ich, daß die Brüder mich nicht besonders mochten, aber das Gefühl hatte ich ja auch bei meinen eigenen Brüdern und den im Hause wohnenden Kindern von Onkel Carl und Tante Tilla – das waren eben die Großen, die mit uns Kleinen nichts gemeinsam hatten. In der Tat war auch der Altersunterschied zu Marthas Brüdern noch viel größer als der zu meinen; sie standen bereits in der Berufsausbildung und waren einige Zeit später beim Militär, so daß ich für sie praktisch nicht existierte.

Heute ist mir klar, daß diese Einzelstellung innerhalb meiner Familie nach 1933 für mein ambivalentes Identitätsbewußtsein von enormer Bedeutung war. Sie zeigte sich in meinen Kindheits- und frühen Pubertätsjahren als Quelle unbewußter Konflikte. Nur bei Martha hatte ich nicht das Gefühl des Ausgeschlossenseins aus jeglichem Lager; ich weiß, daß ich die Klassenkameradinnen beneidete, die am Samstagvormittag schulfrei hatten, weil sie an diesem „Staatsjugendtag“ in der Hitlerjugend zu gemeinsamem Singen und Wandern zusammentrafen – daß dies im Zeichen der Hakenkreuzfahne geschah, kümmerte mich offenbar wenig. Es waren die gemeinsamen Aspekte der Jugendbewegungen aller Couleurs, die mich reizten und die mir verschlossen waren. Auch im jüdischen Lager gab es damals noch ähnliches, aber aufgrund meiner christlichen Erziehung und des Fehlens jüdischer Altersgenossen in der Augsburger Verwandtschaft hatte ich in dieser Richtung keine Kontakte.

Meine eindeutige Solidarität mit dem jüdischen Schicksal entwickelte sich im Laufe der Kriegsjahre, als die Verfolgungsmaßnahmen der Nazis immer mehr auf den Familien- und Verwandtenkreis übergriffen. Da ich damals zugleich eifrig praktizierende Katholikin war und unsere Familie und jüdische Verwandtschaft seitens gut katholischer Menschen viel Gutes erfuhr, erlebte ich diese Solidarität im Zeichen christlicher Nächstenliebe. Die allmähliche Ablösung vom Katholizismus und endgültige Zuwendung zum Judentum erfolgte erst in den Nachkriegsjahren. Heute lebe ich in Jerusalem, habe jüdische Kinder und Enkel und weiß endlich, wo ich hingehöre.

Aber damals, als Hitler an die Macht kam, war ich sieben Jahre alt und besaß natürlich keinerlei politisches Bewußtsein. Arglos plapperte ich nach, was ich außer Haus über Hitler hörte, und das war vorwiegend Positives. Doch erinnere ich mich zugleich an Töne, die von der anderen Seite kamen. Unser ehemaliges Kindermädchen Betty, die mich abgöttisch liebte und die Nazis glühend haßte, kam häufig zu Besuch in mein Elternhaus und erzählte bereits 1934 meiner Mutter, was sie von den Untaten der Nazis im KZ Dachau gehört hatte. Meine Mutter wies ungläubig derartige Geschichten als „Greuelpropaganda" ab; bei einem Kulturvolk wie dem deutschen war für sie so etwas undenkbar. In Bettys Nachlaß, den ich nach ihrem Tode 1966 erhielt, befand sich ein Brief von mir, geschrieben in der ungelenken Schrift einer Zweitkläßlerin, in dem ich ihr meinen Besuch avisierte und mit „Heil Hitler" schloß ... In späteren Jahren sprachen wir natürlich offen über Politik, und Bettys unerschrockene und riskante Hilfeleistungen gegenüber unserer jüdischen Verwandtschaft sind ein unvergeßliches Zeugnis stillen politischen Widerstandes. Tante Tilla dagegen berichtete bereits damals, Mia habe gesagt, sie könne „keinen Juden sehen", was aber als dummes Geschwätz einer Zwölfjährigen nicht weiter ernstgenommen wurde.

Meine Brüder machten zu jener Zeit bereits an mir Versuche politischer Erziehung. Ich besaß eine heißgeliebte Sammlung von Filmstarbildern. Ich weiß nicht mehr, auf welchen Wegen einmal ein Buch namens „Hitler, wie ihn keiner kennt" in unser Haus kam, aber ich zeigte mich sehr beeindruckt von einem Foto, das ihn als Häftling in der Festung Landsberg zeigte und das ich mitleidig mit „der arme Führer!" kommentierte. Daraufhin flog die Hälfte meiner Filmstarbilder in den hinter unserem Hause vorbeifließenden Lechkanal, und für die zweite Hälfte meiner Sammlung wurde mir dasselbe Schicksal angedroht, falls ich es nochmals wagen sollte, positive Bemerkungen über Hitler zu machen.

Persönliche Erinnerungen an den Boykottsamstag des Jahres 1933 habe ich nicht. Ich weiß wohl von den Anstrengungen, das Geschäft von dem Boykott zu verschonen, welcher der Firma lediglich wegen der jüdischen Ehefrau eines der beiden Inhaber drohte. Mein ältester Bruder erinnert sich, daß mit Ausnahme unseres Buchhalters sämtliche Angestellten die Kette der vor der Ladentüre aufgepflanzten SA-Posten durchbrachen und zur Arbeit erschienen. Um die Mittagsstunde sei dann der Befehl zum Boykott rückgängig gemacht worden. Dennoch zeigte sich mein Vater danach immer öfter sehr niedergeschlagen, weil manche Konkurrenten ihm alte Kunden abspenstig machten.

Andere Schikanen stellten sich ein. Unsere Reisepläne für die Sommerferien mußten wir auf Urlaubsorte im Inland beschränken; der Gasthof Schluxen, unser liebstes Feriendomizil jenseits der österreichischen Grenze bei Füssen, war nicht mehr zugänglich, weil man den Reisepaß unserer Mutter konfisziert hatte. Mein Vater verlor wegen seiner jüdischen Frau den Sitz im Vorstand seines geliebten Alpenvereins, und schließlich wurde ihm sehr nachdrücklich der Verzicht auf die Mitgliedschaft nahegelegt. Daß nicht alle Mitglieder des Alpenvereins diese

Maßnahme billigten, bewies die Treue einiger Männer aus diesem Kreis zu unserer Familie, als sich Verwandte bereits von uns distanziert hatten.
Als Naturfreund und gediegener Kenner der Insekten- und Schmetterlingswelt wirkte mein Vater bei der Herausgabe einiger der von Friedrich Schnack edierten Bändchen des Inselverlags mit. „Das kleine Buch der Tropenwunder" erwähnt diesen Umstand noch namentlich, aber „Das kleine Schmetterlingsbuch" durfte diesen Vermerk nicht mehr tragen.
Im Januar 1937 verließ unser ältester Bruder das Vaterhaus und ging nach Amerika, weil ihm sein dortiger Patenonkel Hans Lehner eine gesichertere Zukunft versprach als in Deutschland. Doch angesichts des „arischen" Familienvaters sahen meine Eltern keine Veranlassung, für uns übrige die Emigration zu erwägen.
Dann starb mein Vater plötzlich im Februar 1938, in meinen Augen buchstäblich „an gebrochenem Herzen", weil der sensible Mann die immer unerträglicher werdende politische Situation nicht mehr aushalten konnte. Da er testamentarisch die Feuerbestattung verfügt hatte, erhielt er kein kirchliches Begräbnis. Im engeren Familien- und Freundeskreis weigerten sich mehrere, ihm die Grabrede zu halten; dies mag zum Teil an religiösen Vorurteilen gelegen haben, wohl aber auch an Ängsten, sich mit der jüdischen Witwe zu solidarisieren. Ein ehemaliger Alpenvereinsfreund erklärte sich schließlich zu diesem letzten Liebesdienst bereit.
Von da an wurde die Lage für uns immer schlimmer. Die Geschäftsanteile meiner Mutter und meines emigrierten ältesten Bruders wurden annulliert, wir beiden in Deutschland verbliebenen Geschwister erhielten als Kommanditisten ohne Mitspracherecht in der Firma noch minimale monatliche Zuwendungen. Da wir minderjährig waren, brauchten wir einen Vormund, aber als Jüdin durfte meine Mutter nicht als solcher fungieren. Auch hier übernahm ein Alpenvereinsfreund meines Vaters dieses undankbare Amt. Er war ein sehr pedantischer Jurist und verlangte, wie behördlich verordnet, von meiner in finanziellen Dingen sehr unerfahrenen Mutter genaueste Rechenschaft über die Geldangelegenheiten ihrer Kinder. Aber sein sonstiges Verhalten uns gegenüber war einwandfrei.
Für meinen ältesten Bruder in Amerika hatte mein Vater bis zum Ende seiner Minderjährigkeit testamentarisch einen Verwandten als Vormund ernannt. Obwohl dieser politisch keineswegs exponiert war, verweigerte er diese Aufgabe und brach die Verbindung zu unserer Familie ab. An seine Stelle trat Dr. Klaus Müller, Direktor der Augsburger Kammgarnspinnerei, Reserveoffizier und nach dem Zweiten Weltkrieg Oberbürgermeister Augsburgs. Dr. Müller war zwar der Firmpate meines Vetters Theo, aber unserer „jüdisch versippten" Familie in keiner Weise verpflichtet. Dank seiner Menschlichkeit verband uns mit ihm durch die gesamte Nazizeit und darüber hinaus eine herzliche Freundschaft.

Die Ereignisse der Pogromnacht des 9. November 1938 haben bei mir wenig Erinnerungen hinterlassen. Unmittelbar scheine ich diese Schreckenstage kaum erlebt zu haben, was mir heute unbegreiflich ist. Vielleicht hat mich meine Mutter bewußt von den Straßen der Innenstadt ferngehalten, die mit den Scherben zertrümmerter Schaufenster jüdischer Geschäfte übersät waren. Auch die Schäden an der Synagoge, die wegen der Nachbarschaft eines Benzinlagers von der Feuerwehr gelöscht wurde, habe ich nicht mit eigenen Augen gesehen. Wohl aber berichtete uns Onkel August, wie man jüdische Männer gedemütigt und zu Aufräumungsarbeiten gezwungen hat. Übergriffe der SA-Mobs auf Augsburger Wohnungen scheinen nicht erfolgt zu sein – angeblich seien die Augsburger Nazis überhaupt etwas träge und schwerfällig gewesen. Ein Glück. Monate später erschien in unserer Wohnung Onkel Max, abgemagert, kahlgeschoren, mit Erfrierungsmalen an den Händen, aus Dachau entlassen. Und meine Mutter mußte aus ihrem geschrumpften Barvermögen 7 000 Reichsmark Judenvermögensabgabe bezahlen und bekam eine Kennkarte mit dem J-Stempel und dem aufgezwungenen zweiten Vornamen Sara. Andererseits blieben ihr dank ihrer „halbarischen" Kinder auch einige Schikanen erspart. So mußte sie z. B. nicht ihren Schmuck abliefern, später den Judenstern nicht tragen und erhielt während des Krieges bis zu ihrer Deportation ungekürzte Lebensmittelrationen. Als Nicht-Sternträgerin konnte sie weiterhin die Straßenbahn benutzen. Selbst ihre Deportation nach Theresienstadt im August 1942 mußte man unter den Umständen als Privileg betrachten. Schwimmbäder, Theater, Konzertsäle und Kinos waren ihr allerdings verboten. Unser Radioapparat wurde bei Kriegsausbruch sofort beschlagnahmt, aber das Telefon durften wir behalten. Aus Angst, daß in dem Apparat Abhörvorrichtungen eingebaut sein könnten, stülpten wir ihm eine Kaffeemütze über.

Mein Bruder Willy und ich besuchten zwar immer noch die höhere Schule, aber im Schwimmverein Augsburg, wo wir Geschwister zu den Spitzensportlern unserer Altersklasse gehörten, erhielten wir für Wettkämpfe Startverbot, angeblich, weil der Konkurrenzverein Delphin darauf bestanden habe, aus Neid, wie man uns sagte. Es wurde uns aber zugestanden, weiterhin am Training teilzunehmen. Lange dauerte dieses Privileg nicht an, denn als Halbjuden war uns die Mitgliedschaft im Reichsbund für Leibesübungen verwehrt, eine Vorbedingung für jegliche Zugehörigkeit zu einem Sportverein. Ironischerweise hatte ich noch alle Übungen für den Grundschein der Deutschen Lebensrettungsgesellschaft bestanden, aber die Urkunde bekam ich nicht mehr, das gleiche galt für das Jugendsportabzeichen. Was wohl passiert wäre, wenn ich versehentlich einen Nazi vom Ertrinkungstod gerettet hätte?

Am 26. Mai 1935 feierte ich in Augsburg meine Erstkommunion. Das Familienfest wurde jäh unterbrochen durch die Nachricht vom Tode meines Onkels Emil aus Nürnberg. Onkel Emil war der Lieblingsbruder meiner Mutter und für uns Kinder ein gern gesehener Gast, denn er besaß eine Blechspielwarenfabrik und brachte uns immer faszinierende mechanische Spielsachen mit. Seine Familie, insbesondere Tante Rosel, seine Frau, führte ein streng religiöses jüdisches Leben.

Nach dem Tode ihres Mannes zog Tante Rosel mit ihrer Tochter Erni nach Mannheim, weil dort die Familie ihrer Schwester Flora wohnte. Denn in Nürnberg wütete damals als Gauleiter Julius Streicher, der brutalste antisemitische Hetzer des Naziregimes. Deshalb hatten Onkel Emil und Tante Rosel ihre älteste Tochter Hannele bereits vorsorglich nach Amerika geschickt.

In den großen Ferien des Jahres 1939, vor Ausbruch des Krieges, besuchte ich Tante Rosel in Mannheim und erlebte dort manches, was ich von Augsburg her nicht kannte. Erstmalig war ich Logiergast in einer bewußt jüdischen Familie und teilte den Alltag mit meiner gleichaltrigen Kusine Erni. In der Wohnung der Verwandten sah ich aus den Glastüren der Bücherschränke ausgeschlagene Scheiben und verbogene Eisenarme einer Deckenlampe – Spuren des Pogroms vom 9. November 1938. Erni besuchte eine 8-klassige jüdische Volksschule, denn aus den deutschen höheren Schulen waren jüdische Kinder hinausgeworfen worden, und in dieser Schule erlebte ich eine Atmosphäre, deren zionistischer Charakter mir erst Jahrzehnte später bewußt wurde. Lehrer und Schüler duzten sich freundschaftlich, und der Stundenplan enthielt mehr Fächer als mein lyzealer, weil man ihn durch einen großen Teil des Lernstoffs der weiterführenden Schulen angereichert hatte. Ich schwärmte dort in echter Backfischmanier auch für einen hübschen, ein paar Jahre älteren Jungen, an dem mir imponierte, daß er neben der Schule eine Polstererlehre machte, um für das Leben in der erhofften Emigration, sei es in die USA oder nach Palästina, mit einem Brotberuf gerüstet zu sein. Hoffentlich hat er dieses Ziel erreicht, denn was aus ihm geworden ist, habe ich nie erfahren.

In meiner Erinnerung sehe ich Tante Rosel vor ihrem Wohnzimmerbuffet stehen, nach Osten gewandt, in Richtung Jerusalem, das tägliche Morgengebet verrichtend. Eines Tages kamen Erni und ich in die Wohnung, genußlich Buttersemmeln mit Schinken kauend, die wir von einer Nachbarin bekommen hatten. Erzürnt jagte uns Tante Rosel auf die Straße mit dem Ausruf: „Raus mit Euch, Ihr Schweinepriester!“ Erst später habe ich erkannt, wie stark dieser Besuch in Mannheim unterschwellig zur Entwicklung meines jüdischen Identitätsbewußtseins beigetragen und mein künftiges Lebensschicksal mit beeinflußt hat.

Die Nazis deportierten alle Mannheimer Verwandten nach Gurs in Südfrankreich. Tante Rosels Schwester und ihr Mann wurden nach Auschwitz weiterverschickt und dort ermordet. Ihren

Söhnen gelang mit Hilfe von Widerständlern die Flucht in die Schweiz, und von da aus erreichten sie nach dem Krieg Israel, wo sie heute noch leben. Dort besuchte ich sie erstmals im Jahre 1963, inzwischen fest entschlossen, mich ganz dem Judentum anzuschließen, und diesem Besuch verdanke ich auf verschlungenen Schicksalswegen die Bekanntschaft mit meinem späteren Mann und schließlich die Übersiedlung unserer Familie nach Israel. Tante Rosel und Erni überlebten Gurs und wanderten nach dem Krieg nach USA aus, wo Tante Rosel bis über ihr neunzigstes Lebensjahr hinaus ein geruhsames Alter vergönnt war.

An die Mannheimer Sommerferien schloß sich ein bedeutsames Kapitel in unserer Familiengeschichte an. Wenige Monate später begann der Zweite Weltkrieg, und einige Zeit redete man von einer möglichen Evakuierung des Rheinlandes. Meine Mutter erhielt die schriftliche Anfrage aus Mannheim, ob die dortigen Verwandten bei uns einige Koffer einlagern könnten, für den Fall des Falles ... Arglos erzählte meine Mutter davon ihrer Schwägerin Tilla. Diese war eine devote Katholikin, aber von gefährlicher politischer Beschränktheit. Und so erklärte sie einige Tage später meiner Mutter, daß sie sich bei der Gestapo erkundigt habe, ob es zulässig sei, Gepäck von Juden anzunehmen und zu riskieren, daß diese sich später in unserem gut deutschen Haus einnisteten. Damit kam es natürlich zum Streit zwischen den beiden Schwägerinnen, und das feierliche Versprechen, man werde meine Mutter niemals im Stich lassen, das ihr die Verwandten meines Vaters an seiner Bahre gegeben hatten, war hinfällig geworden. Als die Fliegeralarme auch in Augsburg begannen, verbot Tante Tilla meiner Mutter den Einlaß in den Schutzraum des Hauses. „Was hat diese Jüdin in unserem deutschen Luftschutzkeller zu suchen?", hieß es, und solange meine Mutter noch nicht deportiert war, verbrachten wir die Alarmzeiten im Treppenhaus.

Wir besaßen einen ausgezeichneten Blüthner-Flügel, auf dem Willy und ich, besonders aber unsere Mutter eifrig spielten. Tante Tillas Sohn Theo, ein guter Geiger, musizierte viele Jahre hindurch mit meiner Mutter. Am 7. Juni 1940 schrieb er ihr einen Brief aus dem Feld, in dem er ihr jegliche Beziehung aufkündigte: „Wir hatten ein Gemeinsames, das Musizieren ... darüber hinaus bedeutete ein Umgang mit Dir bei meiner sonstigen Einstellung zum Rassenproblem einen Verrat an mir selbst." Zugleich versicherte er ihr, dieser Entschluß habe nichts mit dem Streit zwischen seiner und meiner Mutter zu tun, sondern er sei das Ergebnis langer und reiflicher Überlegungen, aber natürlich fiele er ihm jetzt leichter: „Denn wenn meine Mutter von einem anderen beleidigt worden ist, ist es für *mich* selbstverständlich, daß ich mich auf ihre Seite stelle."

Das Klavierspiel bedeutete meiner Mutter sehr viel. Zu einigen nichtjüdischen Musizierfreundinnen, die ihr treu geblieben waren, gesellten sich

Musikpartner, die den Judenstern tragen mußten. Einer der Angestellten der nun allein von Onkel Carl geführten Firma wohnte uns gegenüber und bespitzelte das Kommen und Gehen dieser Gäste. Getreulich informierte er darüber Tante Tilla, und wir lebten daher in Furcht vor weiteren Denunziationen. Aber das Musizieren war nicht nur meiner Mutter, sondern auch ihren Freunden zu lieb, als daß sie darauf verzichten wollten, insbesondere, weil es in den Judenwohnungen, wohin diese Leute zwangsumquartiert worden waren, praktisch unmöglich geworden war. Und so schlichen sie sich vorsichtig ins Haus, den Judenstern auf der Brust mit den Notenheften bedeckend. Es ist mir heute noch ein Trost, daß es uns möglich war, diesen Menschen in ihrer letzten Lebenszeit ein wenig Freude zu ermöglichen.

Nach dem Tode meines Vaters hatten wir uns, allerdings viel zu spät, für die Auswanderung nach USA registriert, wo der lebensrettende Patenonkel Hans Lehner großzügig Affidavits für alle jüdischen Verwandten unserer Familie bereitstellte, die diese begehrte Bürgschaft nicht anderweitig beschaffen konnten. Aber unsere Wartenummer war viel zu hoch – der früheste Ausreisetermin wäre das Jahr 1941 gewesen. So wurde wenigstens für meinen Bruder Willy, der Medizin studieren wollte, eine Möglichkeit, Deutschland zu verlassen, gesucht. Wir hatten inzwischen alle begonnen, eifrig Englisch zu lernen, über den Rahmen des in der Schule gebotenen Unterrichts hinaus, und Willy bestand glanzvoll die externe Aufnahmeprüfung für die Harvard-Universität; er bekam sogar ein Stipendium bewilligt. Auch hatte er bereits einen Schiffsplatz auf einem italienischen Dampfer, alles, was noch fehlte, war das US-Studentenvisum. Welche Enttäuschung, als ihm dieses verweigert wurde, mit der zynischen Begründung, er habe sich ja um die Auswanderung beworben, und angesichts seiner jüdischen Abstammung sei daher nach Abschluß seines Studiums nicht mit seiner Rückkehr nach Deutschland zu rechnen! Traurig kehrte er in das Gymnasium St. Stephan zurück, konnte aber immerhin noch 1940 das Abitur ablegen. Es wurde ihm sogar in Aussicht gestellt, daß er sich später immatrikulieren dürfe, wenn er sich freiwillig zum Reicharbeitsdienst melde, was er deshalb auch tat. Vier Wochen vor Ablauf der halbjährigen Dienstzeit wurden die zukünftigen Studenten zur Immatrikulation aus dem Arbeitsdienst beurlaubt. Von der Universität München kam die nächste Hiobsbotschaft: keine Zulassung mehr für nicht reinrassige Arier. Aber die restliche Arbeitsdienstzeit mußte er doch ableisten. Daraufhin lernte er Stenografie und Schreibmaschine und arbeitete als kaufmännischer Angestellter, bis er im November 1944 von der Organisation Todt als Zwangsarbeiter nach Jena geschickt wurde. Von dort wurde er kurz vor Kriegsende von unserer beherzten Freundin Bien mit gefälschten Reisepapieren herausgeschmuggelt.

In den Sommerferien 1942 erhielt unsere Mutter den gefürchteten Einschreibebrief mit der Aufforderung zur „Umsiedlung" – wie sich bald herausstellte, nach Theresienstadt. Fast gleichzeitig kam die Nachricht ins Haus, daß ich nach den großen Ferien die höhere Schule nicht weiter besuchen dürfe. Diese beiden Verfügungen versuchten wir rückgängig zu machen. Das Institut der Englischen Fräulein war inzwischen säkularisiert worden, und statt der Nonnen unterrichteten uns regimetreue weltliche Lehrer. Der Direktor, ein überzeugter Nazi, schikanierte mich zwar nie, aber er erklärte sich unfähig, in meiner Sache etwas zu tun. Wir sollten uns direkt „in die Höhle des Löwen", das Kultusministerium in München, begeben. Dort wurden wir bereits an der Tür barsch abgewiesen. Die Bemühungen um unsere Mutter liefen durch mehrere Stationen. Der Vater eines ehemaligen Klassenkameraden meines Bruders war Leiter des Judenreferates bei der Augsburger Gestapo. In der Stadt war dieser Beamte sehr berüchtigt, aber seine Frau behauptete, daß er diese Arbeit mit großem Widerwillen tue und oft weinend nach Hause komme. Als Willy bei ihm vorsprach, bemerkte er kein Zeichen von Sympathie, sondern wurde an die nächsthöhere Instanz nach München verwiesen. Dort berief man sich auf organisatorische Probleme; im Prinzip habe man kein persönliches Interesse an der Verschickung unserer Mutter, aber Transportziffern seien zu erfüllen, und eine Zurückstellung bedeute nur Scherereien. Ja, wenn der Sohn Soldat im Fronteinsatz wäre, sähe die Sache anders aus. Willy erklärte sich daraufhin zum freiwilligen Wehrdienst bereit, was aber abgewiesen wurde. (Später hörten wir, daß die jüdische Mutter eines solchen Freiwilligen, nachdem er in Rußland gefallen war, sofort ins KZ deportiert worden war.) Er solle sich nach Berlin in die Prinz-Albrecht-Straße, das Gestapohauptquartier, begeben; wenn man dort mit der Freistellung einverstanden sei, hätte München nichts dagegen. In Berlin meinte man, eine Zurückstellung unserer Mutter sei prinzipiell möglich, man wolle aber München nicht vorgreifen. Schriftlich bekam Willy nichts in die Hand, und so erfolgte im August die Deportation nach Theresienstadt. Für dieses Privileg mußte unsere Mutter eine „Heimeinkaufsgebühr" von 1 000 Mark entrichten. Sie überlebte die dortige Haftzeit, als letzte ihrer vielen Geschwister und eine der wenigen von ihrem Transport, die am 4. Juli 1945 nach Augsburg zurückkehrten.

Meine zehnjährige Schulzeit, die im Sommer 1942 unfreiwillig zu Ende ging, verbrachte ich im Institut der Englischen Fräulein an der Frauentorstraße, das nach seiner Säkularisierung Oberschule am Frauentor hieß. Die Wahl dieser Klosterschule hing mit meiner Freundschaft mit Martha zusammen, weil es bereits in der Generation ihrer Mutter Familientradition war, zu den „Englischen" zu gehen.

Nach den naiven Kinderjahren der frühen dreißiger Jahre wurde mir seit dem

Tode meines Vaters und mit den immer stärker werdenden Repressalien der Nazis meine Andersartigkeit unter den Altersgenossinnen bewußt. Dennoch kam das Thema Politik auch, als wir älter wurden, zwischen Martha und mir nie zur Sprache. Erst nach dem Krieg erzählte sie mir, daß sie von Mitbewohnern ihres Hauses gelegentlich beschimpft wurde, wenn ich sie morgens zur Schule abholte. Auch erinnert sie sich, im Unterschied zu mir, an den Morgen nach der Pogromnacht des 9. Novembers 1938. Vor wenigen Wochen schrieb sie: „... ich sehe mich ... ganz allein – nur für mich – durch die Stadt laufen. Entsetzen über viele eingeschlagene Fensterscheiben jüdischer Kaufhäuser (Landauer) – mein Ziel aber war die Synagoge (Halderstr.) – ich war voll Entsetzen davor gestanden – dieser grauenhafte Anblick ist mir noch deutlich vor Augen – ich habe geweint, an euch alle gedacht und [bin] schnell heimgelaufen." Dieses sonderbare Schweigen zum Thema Nationalsozialismus zwischen uns beiden und auch anderen Klassenkameradinnen kann ich nur dadurch erklären, daß uns unsere persönlichen Freundschaften wichtiger waren als die Ideologie. Ob meine Mitschülerinnen über das Private hinaus die Nazimaßnahmen billigten oder nicht, ist mir bis heute weithin unbekannt. Ich gestehe, daß auch ich nach 1945 der Konfrontation mit Freunden, die sich in der Nazizeit nicht von mir losgesagt haben, aus dem Wege gegangen bin. Die Antworten wären wohl auch in vielen Fällen unglaubwürdig gewesen. So gehören auch wir zu der Generation, die, trotz des politischen Diskurses über diese Frage, in ihren privaten Begegnungen die „zweite Schuld" der Verdrängung auf sich geladen hat. Dies bekam ich bei späteren Treffen mit ehemaligen Klassenkameradinnen zu spüren. Erwähnte ich die selbst erlebten Demütigungen, fehlte das Echo, oder es gab hinter meinem Rücken getuschelte Bemerkungen, warum ich dieses leidige Thema nicht endlich ruhen lassen könne. Mit einer jener Frauen war ich viele Jahre befreundet, während der Nazijahre und danach. Weder sie noch ihre Familie war je Mitglied einer Naziorganisation gewesen; allerdings war ihr Bruder im Krieg gefallen und das elterliche Geschäft hatte Bombenschäden erlitten. Der zum Abbruch unserer Beziehungen führende Konflikt brach in den 80er Jahren aus, als sie Bedenken vor ihrer zweiten Israelreise vorbrachte und dann in allgemeine antisemitische Äußerungen verfiel, als deren Hauptgrund sich der Neid auf die finanziellen Wiedergutmachungsleistungen an die Holocaust-Überlebenden herausstellte.

Doch ich habe vorgegriffen.

Im vorletzten Jahr meiner Schulzeit bekamen wir im Winter, um Heizmaterial einzusparen, Kohlenferien. Wir jungen Mädchen wurden zu allen möglichen Einsätzen abgeordnet, unter anderem dazu, für Soldaten ohne Angehörige Feldpostpäckchen zu packen. Für uns Pubertierende war dies ein willkommener Anlaß zur Verwirklichung romantischer Träume. Wir legten in die Päckchen Botschaften an die unbekannten Empfänger, in denen wir unseren Wunsch nach Briefpartnern äußerten. Im stillen träumten wir natürlich alle von gutaussehenden jungen Männern, möglichst Flieger- oder Marineoffizieren in schicker Uniform. Auch ich wollte da nicht ausgeschlossen bleiben und legte in eines meiner Päckchen einen solchen Kontaktbrief. Martha hatte tatsächlich Glück und bekam einen Brief von einem Marinefliegeroffizier. Bald darauf erhielt auch ich eine Antwort, aber welche Enttäuschung! Der Schreiber war ein ältlicher bebrillter Herr mit schütterem Haar und einem Hitlerschnurrbart, ein verheirateter Volksschullehrer, der, wie er schrieb, bereits einen Sohn „unter den Fahnen" hatte. Daß ich überhaupt antwortete, zeigt meine völlige Dummheit in jener Zeit. Dann aber traf eine Postkarte ein, in der mein Briefpartner hingerissen berichtete, er habe eben eine Rede des Führers gehört und stehe noch tief unter diesem Eindruck. Welche Ehre, einem solchen Manne mit den Waffen dienen zu dürfen! Dies reichte mir. Aber ich überließ meinem Bruder Willy die Aufgabe, den klärenden Antwortbrief zu schreiben. Postwendend kam eine Reaktion, deren Wortlaut mir selbst heute noch zum Teil im Gedächtnis ist. Mit tiefer Erschütterung, schrieb der Mann, habe er Willys Brief erhalten, aus dem die ganze innere Zerrissenheit des jüdischen Mischlings spreche und bestätige, wie recht der Führer habe, gesetzlich für die Reinheit der arischen Rasse zu sorgen. Selbstverständlich sei hiermit der Briefwechsel beendet, und Willy möge mich bitten, sein Bild umgehend zurückzusenden, was gern geschah. Unsere damalige Reaktion auf diesen Brief war große Heiterkeit über derartige ideologische Verbohrtheit. Erst später, als Erwachsener, wurde mir bewußt, wie recht der Mann mit seiner Bemerkung von der inneren Zerrissenheit bei uns jungen Menschen hatte. Daß ich diese Lehre ausgerechnet von einem Nazifanatiker verpaßt bekam, ist mir heute noch schlimm genug, aber die vorliegenden Ausführungen beweisen, wie sehr sie auf unser Leben zutraf.

In unserem letzten gemeinsamen Schuljahr, dem zehnten, teilten sich Marthas und meine Wege, weil wir zwei unterschiedliche Schulzweige wählten. Zwar blieben wir immer noch gute Freundinnen, aber da wir nicht mehr in derselben Klasse saßen, lockerte sich die frühere Unzertrennlichkeit. Martha war praktischer veranlagt als ich und wählte die Frauenfachschule, ich blieb in der Oberschule. Dann erfolgte im Sommer 1942 mein Ausschluß aus der Schule und das Ende meiner Träume vom Abitur.

Jenes letzte Schuljahr ohne Martha bescherte mir manche traumatische Erfahrung. Ich reagierte auf die schulische Trennung von meiner Busenfreundin mit Eifersucht auf Marthas neue Klassenkameradinnen und fühlte mich zum ersten Male in meiner eigenen Klasse als Halbjüdin exponiert. Und dabei hatte ich eine Schicksalsgenossin:

Elli Strauß, Tochter eines jüdischen Vaters und einer nicht-jüdischen Mutter. Aber eigentümlicherweise kam es nie zwischen uns zu einer näheren Beziehung.

Nach der Säkularisierung der Schule veränderte sich manches. Der Unterricht erhielt zunehmend nazistische Inhalte. In einer Rassenkunde-Stunde im Biologieunterricht wurde auf typische äußere Merkmale jüdischer Mischlinge verwiesen. Sie hätten häufig einen herzförmigen Haaransatz, den sie durch geschicktes Frisieren zu verbergen wüßten. Spontan blickte die ganze Klasse auf Elli Strauß und mich, um diesen Umstand zu verifizieren. Bei mir fand sie Bestätigung dieser Theorie, bei Elli aber nicht. Nach diesem Vorfall untersuchte ich obsessiv jede Fotografie berühmter Frauen und stellte erleichtert fest, daß offenbar auch reine Arierinnen mit diesem Haaransatz geziert waren.

In den Klassenzimmern sollten die Kreuze entfernt und durch Hitlerbilder ersetzt werden. Viele Eltern protestierten, und man kam zu dem Kompromiß, an der Wand die Kreuze zu belassen und die Hitlerbilder zuzufügen. Auch wurde das Schulgebet durch Zusätze bereichert, die dem Führer Dank für Brot und Arbeit erstatteten und Gottes Schutz für sein Wohlergehen erflehten. Sonderbarerweise, ich weiß nicht mehr wieso, berichtete ich Tante Tilla von diesen Neuerungen und meinte, wir wüßten nun nicht, ob wir zu Gott oder zu Hitler beteten. Darüber zeigte sie sich sehr konsterniert. Unsicher in ihrer Meinung suchte sie Hilfe bei Onkel Carl, einem schweigsamen und geduldigen Menschen, der bestimmt kein Nazi war: „Tja … der Führer in allen Ehren – aber Gott, Gott ist doch noch mehr, nicht wahr, Carl?"

In jenem Jahre kam für uns auch die ersehnte Zeit des Tanzkurses. Traditionellerweise besuchten die Schüler von St. Stephan und die Mädchen der „Englischen" dieselbe Tanzschule, und da wir einander kaum persönlich kannten, stellten unsere Klassensprecher die jeweiligen Tanzherren- und Tanzdamenpaare zusammen. Mein Partner war ein sehr germanisch aussehender Jüngling namens Eduard G., Elli Strauß erhielt einen hübschen dunkelhaarigen Begleiter. Die Aufgabe dieser Tanzherren war, ihre Damen abzuholen und nach Hause zu bringen und die neuen Tänze gemeinsam zu lernen. Nach einiger Zeit stellte sich heraus, daß Elli und ich am Geburtsfehler unserer nichtarischen Herkunft litten, sehr zum Entsetzen der beiden Jünglinge, die zufällig die fanatischsten Hitlerjungen der Klasse waren. Sie erklärten, es nicht mit ihrem politischen Gewissen vereinbaren zu können, den Kurs mit uns fortzusetzen. Schließlich handelten die sehr fairen Klassensprecher, die völlig arglos diese Panne verursacht hatten, einen Kompromiß aus, der es uns ermöglichte, weiter an dem Tanzkurs teilzunehmen. Meine Mutter wollte mich nach diesem peinlichen Vorfall sofort aus der Tanzschule herausnehmen, gab aber meinem Flehen schließlich nach. Denn die Tatsache, daß das damals schon herrschende Tanzverbot in solch geschlossener Veranstaltung nicht galt und ich für den Schlußball bereits mein erstes langes Kleid bekommen hatte, wog bei mir stärker als die erlittene Demütigung. Ich bekam sogar von Eduard ein Abschiedsgeschenk: es war ein Band Storm, der u.a. die Novelle „Auf der Universität" enthielt. Deren unglückliche Heldin trägt meinen Vornamen und endet, als Fremdrassige in ihrer norddeutschen Umgebung diskriminiert, nach einer zerbrochenen Liebesaffäre durch Selbstmord. Ich weiß nicht, ob diese Novelle Eduard bewußt zur Wahl seines Geschenks motivierte, aber nachdenklich stimmte es mich auf jeden Fall.

Besonders interessant war meine Beziehung zu Gertraud M. Diese rückte mir nach Marthas Wechsel in die andere Schule näher. Gertraud stammte aus einer erklärt linientreuen Nazifamilie, aber wir hatten zwei gemeinsame Interessen: die Musik und den katholischen Glauben. So ging ich, den ideologischen Differenzen zum Trotz, im Hause M. ein und aus, um mit Gertraud zu musizieren. Außerdem waren wir beide Mitglieder des Kreises um Pater Gregor Lang, in dem sich Angehörige verschiedener, inzwischen verbotener katholischer Jugendorganisationen in einer etwas konspirativen Atmosphäre trafen. Für mich war dieser Kreis besonders wichtig, da ich dort endlich eine gleichgesinnte jugendliche Gemeinschaft gefunden hatte. Ich erlebte gemeinsames Singen zur Klampfe, Blockflöte, Klarinette und Geige aus dem Liederbuch „Der Spielmann", vorsichtig getarnte Wochenendfreizeiten mit Lagerfeuer und Übernachtungen in bäuerlichen Heustadeln, Lektüre teils verbotener poetischer und prophetischer Texte; wir inszenierten eine Laienaufführung von Hofmannsthals „Der Tor und der Tod" unter freiem Himmel und zelebrierten eine für die damalige Zeit revolutionäre Liturgie, die erst nach dem Vatikanischen Konzil von 1962 allgemeingültig wurde – kurz, viel Romantisches, wie es Jugendbewegungen aller Schattierungen charakterisierte. Daß Gertraud, die zugleich in Uniform der HJ diente, bei uns mitmachte und uns nie verriet, zeugt von ihrer doppelten Loyalität sowohl dem Regime als auch der Kirche gegenüber. 1945, sich nach dem Zusammenbruch des Naziregimes auf der Seite der Geschlagenen fühlend, kündigte sie mir in einem dramatischen Brief die Freundschaft. Solange ich sie gebraucht habe, habe sie mir die Treue gehalten, jetzt, wo ich im Lager der Sieger stehe, könne sie sich wohl zurückziehen. „Bleib ein anständiger Mensch, Lore, und behalt den Heiland lieb", schloß sie pathetisch ihren Brief. Jahre später suchte sie erneut Kontakt zu mir, die ich mich inzwischen ganz zum Judentum bekannte, und bat mich für ihren jugendlichen Fanatismus um Verzeihung. Sie gehört zu den wenigen, die sich im Laufe der Nachkriegsjahre kritisch mit ihrer Nazivergangenheit auseinandergesetzt haben und sogar, trotz

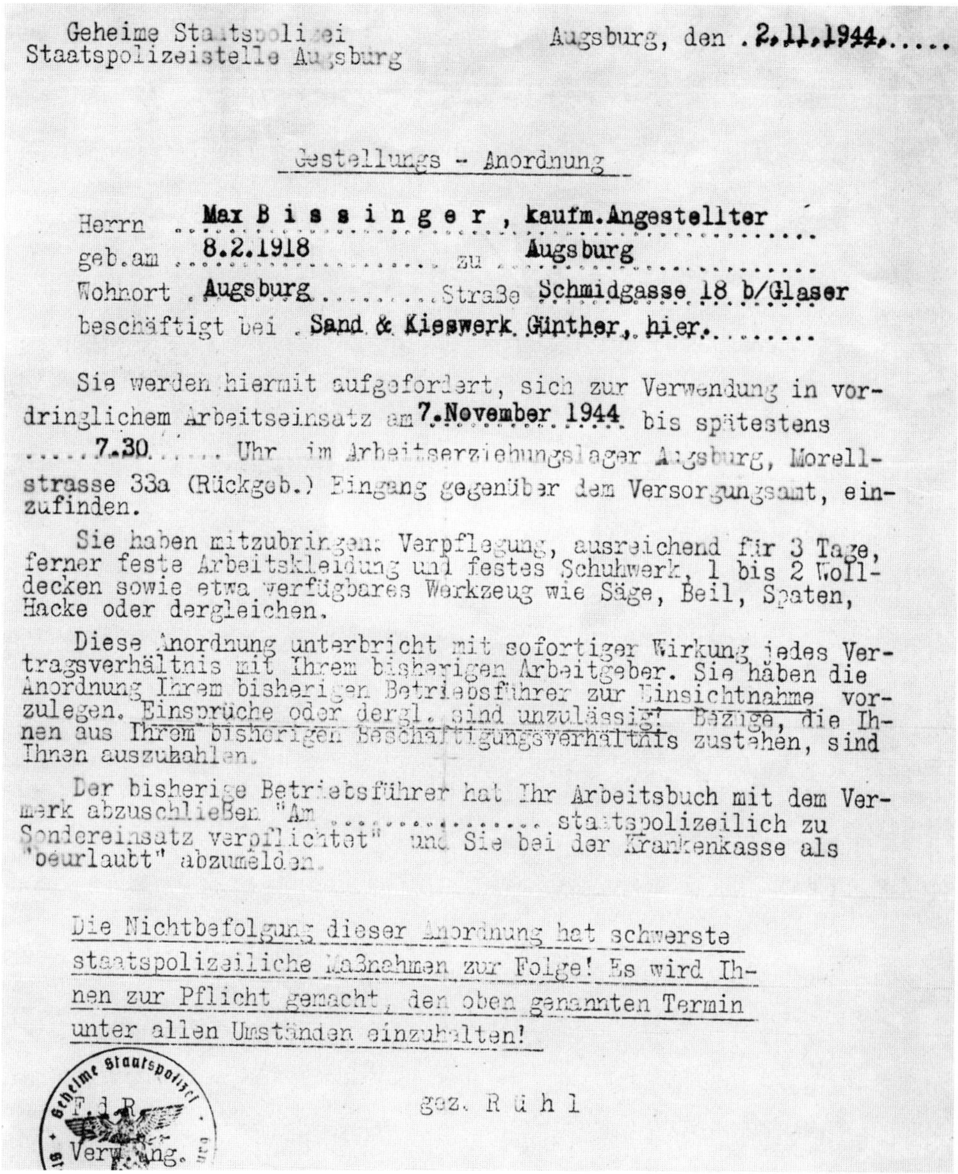

Geheime Staatspolizei
Staatspolizeistelle Augsburg

Augsburg, den 2.11.1944.....

Gestellungs - Anordnung

Herrn ..Max B i s s i n g e r , kaufm.Angestellter..........
geb.am 8.2.1918 .... zu Augsburg ....
Wohnort . Augsburg ....Straße Schmidgasse 18 b/Glaser
beschäftigt bei . Sand & Kieswerk Günther, hier.........

Sie werden hiermit aufgefordert, sich zur Verwendung in vordringlichem Arbeitseinsatz am 7.November 1944 bis spätestens .....7.30..... Uhr im Arbeitserziehungslager Augsburg, Morellstrasse 33a (Rückgeb.) Eingang gegenüber dem Versorgungsamt, einzufinden.

Sie haben mitzubringen: Verpflegung, ausreichend für 3 Tage, ferner feste Arbeitskleidung und festes Schuhwerk, 1 bis 2 Wolldecken sowie etwa verfügbares Werkzeug wie Säge, Beil, Spaten, Hacke oder dergleichen.

Diese Anordnung unterbricht mit sofortiger Wirkung jedes Vertragsverhältnis mit Ihrem bisherigen Arbeitgeber. Sie haben die Anordnung Ihrem bisherigen Betriebsführer zur Einsichtnahme vorzulegen. Einsprüche oder dergl. sind unzulässig! Bezüge, die Ihnen aus Ihrem bisherigen Beschäftigungsverhältnis zustehen, sind Ihnen auszuzahlen.

Der bisherige Betriebsführer hat Ihr Arbeitsbuch mit dem Vermerk abzuschließen "Am .... staatspolizeilich zu Sondereinsatz verpflichtet" und Sie bei der Krankenkasse als "beurlaubt" abzumelden.

Die Nichtbefolgung dieser Anordnung hat schwerste staatspolizeiliche Maßnahmen zur Folge! Es wird Ihnen zur Pflicht gemacht, den oben genannten Termin unter allen Umständen einzuhalten!

gez. R ü h l

„Sie werden hiermit aufgefordert....“ – die Anordnung, mit der zahlreiche jüdische Mischlinge im November 1944 aufgefordert wurden, sich zum Abtransport in ein Zwangsarbeitslager einzufinden. Max Bissinger folgte der Anordnung nicht. Er täuschte seinen Selbstmord im Ammersee vor und überlebte das Dritte Reich in Verstecken. Sein Vater war Jude, die Mutter Christin, er selbst evangelisch getauft und erzogen. Nach dem Krieg wanderte er nach Amerika aus, kehrte aber nach einigen Jahren zurück und lebte bis zu seinem Tod 1990 in Augsburg.

ihres weiter bestehenden katholischen Engagements, eine Ehescheidung auf sich nahm, weil ihr Mann sich nicht vom Nazismus lossagen konnte.

Ein Beispiel für die sonderbare Zwischenstellung von uns jüdischen Mischlingen bietet der Umgang der Nazis mit jungen Männern im wehrpflichtigen Alter: Zu Beginn des Krieges wurden „Halbarier" als Rekruten eingezogen, aber als „Halbjuden" von jeder Beförderung ausgeschlossen. Später entließ man sie als „nicht wehrwürdig" aus der Armee, und schließlich landeten sie in Zwangsarbeitslagern. Hätte Hitler den Krieg gewonnen, so wären wir alle in die Vernichtungslager gewandert.

Besonders absurd erlebte ich diese Doppelexistenz zu Beginn des Jahres 1944. Ich erhielt eine Vorladung zur Einberufung in die „Pflicht-HJ", eine Einheit der Hitlerjugend für alle Jugendlichen, die bisher nicht würdig waren, dem Führer zu dienen. Diese wurde geschaffen, um den immer dringlicher werdenden Bedarf an Hilfskräften zu decken, der entstanden war, weil die deutsche Erwachsenenbevölkerung entweder beim Militär oder in Rüstungsbetrieben eingesetzt war. Der inzwischen ausgerufene „totale Krieg" erforderte Aufräumungsarbeiten, Altmaterialsammlungen und dergleichen. Für diese Dienste sollte die „Pflicht-HJ" zur Verfügung stehen. Ihre Mitglieder sollten nicht das Privileg der Uniform genießen, aber wie alle zweitklassigen Elemente der deutschen Bevölkerung pro forma einer Naziorganisation unterstellt werden. Das Beispiel der „jüdisch versippten" Zwangsarbeiter, die der Organisation Todt zugeordnet waren, ist bekannter als das der „Pflicht-HJ", die sich, so scheint es mir, ohnehin nicht durchsetzte. Mit sehr unbehaglichem Gefühl im Bauch begab ich mich an die in der Vorladung genannte Adresse. Ich erlärte den dort Diensthabenden, daß sich meine jüdische Mutter bereits seit 1942 im Ghetto Theresienstadt befinde und daß ich in wenigen Wochen 18 Jahre alt und damit die Altersgrenze der Mitgliedschaft in der Hitlerjugend erreicht haben werde. Die zornige Reaktion darauf war: „Du unverschämtes Ding, der Führer reicht dir nochmals die Hand und du schlägst sie aus!" Daran schloß sich die Drohung, daß ich, sollte ich mich nicht zu dem festgesetzten Februartermin einfinden, mit der Polizei geholt und entsprechend bestraft werde. Aus diesem schlimmen Konflikt erlöste mich der Luftangriff vom 25. Februar 1944, dem mein Elternhaus und große Teile Augsburgs zum Opfer fielen. Das daraus resultierende Chaos ließ diese Sache im Sand verlaufen.

Abschließend muß ich sagen, daß ich dank meiner jugendlichen Verdrängungsmechanismen zunächst diese Zeit „heil überstanden" habe: die Gemeinschaft mit Schicksals- und Gesinnungsgenossen, vor allem in den Kriegsjahren, hatte zumindest für mich einen faszinierenden Kitzel des Abenteuerlichen und Konspirativen. Später erschien mir das Ausmaß der eigenen Verfolgungen und Gefahren gegenüber den Leiden der anderen Opfer wie eine Bagatelle, und verursachte mir Schuldgefühle im Sinne des „Überlebenssyndroms", von denen ich bis heute nicht ganz genesen bin.

Gertrud Wiesenthal aus Augsburg

Ein Leidensweg in Holland

„Geboren bin ich in der Staatsbank in der Bahnhofstraße." Trude Wiesenthals Eltern sind dort als Untermieter untergekommen. Eine Wohnung zu finden ist nach dem Ersten Weltkrieg ein ähnlich großes Kunststück wie nach dem Zweiten. Der Vater ist 1914 freiwillig ins Feld gezogen und verschüttet worden. Ab 1917 leitet er in Gersthofen bei der Aktiengesellschaft Farbwerke – von 1925 bis 1945 IG Farben und heute Hoechst AG – die Versand-Abteilung.
1919 heiratet Siegfried Wiesenthal Katharina Gleich. Kaete, wie er sie nennt, stammt aus einer Arbeiterfamilie. Von deren vier Kindern besucht sie als einziges eine Höhere Schule, die Maria-Theresia-Oberschule. „Die Zeugnisse meiner Mutter sind überwältigend: eins, eins, eins bis zwei, eins, eins ..." schwärmt Tochter Gertrud Wiesenthal. Bei den Gleichs geht es knapp zu. Jedes Jahr werden für Aussteuer und Zukunft der Kinder eisern 1 000 Goldmark gespart. Aber als Kaete 1919 heiratet, hat die Entwertung während und nach dem Ersten Weltkrieg das angesparte Geld so gut wie wertlos werden lassen.
Siegfried Wiesenthal ist jüdisch, Kaete katholisch. Fritz und Trude, die Kinder, werden getauft – „aber mehr auch nicht", sagt Trude Wiesenthal. Die religiösen Fragen spielen keine Rolle, bis Kaete Wiesenthal durch eine schwere Krankheit zu ihrem Glauben zurückfindet. Eine Wandlung, die den Vater so tief berührt, daß er ebenfalls katholisch werden möchte. Weil aber inzwischen Hitler die Macht an sich gerissen hat, plagen ihn Hemmungen: „Dann heißt es, daß ich meinen Glauben wegen der Nazis gewechselt habe." Er vertraut sich dem Weihbischof an, der ihn an einen jungen Geistlichen in der Pfarrei St. Moritz verweist. Trude Wiesenthal berichtet, der habe den Vater so umgekrempelt, daß der fanatisch katholisch geworden sei. Im Juni 1935 wird er in der Privatkapelle von St. Moritz getauft. Die Tochter: „Wir anderen waren direkt ungläubig dagegen. Er ging jeden Morgen in die Kirche."
Sohn Fritz fällt das Lernen so leicht, daß sein Klassenleiter am Realgymnasium den Eltern vorschlägt, ihn doch in ein humanistisches Gymnasium zu geben; das entspreche eher den Fähigkeiten des Sohnes. Vater Siegfried ist dagegen: „Der Bub soll Kaufmann werden. Wir wollen keinen Arzt, keinen Geistlichen, keinen Humanisten." Aber der Lehrer läßt nicht locker. So wird der Fritz schließlich doch umgeschult – ins Augsburger Elite-Gymnasium St. Ste-

phan. Anfangs ist der Bub unglücklich bei den Benediktinern, weil er nicht mehr der Primus und ihm die übrige Klasse in Latein weit voraus ist. Diese Sprache hatte er ja im Realgymnasium nicht gelernt.

Aber näher gehen ihm Schwierigkeiten, die ihm einige Mitschüler wegen seines jüdisch geborenen Vaters machen. Den Eltern habe er davon nichts erzählt, sagt die Schwester, doch mit ihr habe er mehrfach vor dem Schlafengehen darüber gesprochen: „Die haben ihm das Leben zur Hölle gemacht wegen seiner Abstammung und aus Neid, weil er so ein guter Schüler war."

Eines Tages erhält Fritz Wiesenthal einen Verweis. Im Biologieunterricht geht es um Rassenfragen und der Schüler Wiesenthal nennt diese laut und vernehmbar „einen Krampf". Die Mutter, erinnert Trude Wiesenthal sich, sei zum Direktor Pater Lang gerufen worden, dem in Augsburg beliebten und gegenüber den Nazis standhaften Direktor von St. Stephan. „Recht hat er ja, der Bua", habe Lang gemeint, „nur sagen hätt' er nichts dürfen ..." Trude Wiesenthal: „Dann haben jene drei Burschen, die so eklig gewesen waren, im Stadtbad Pendeltüren ausgehängt und ins Wasser geworfen. Sie sind von der Schule verwiesen worden. Pater Lang hätte das sonst vielleicht nicht getan. Aber er wollte diese Quertreiber loswerden." 1939 macht Fritz das Abitur, die Schwester die mittlere Reife.

Auch den praktizierenden Katholiken Siegfried Wiesenthal trifft nach dem November-Pogrom 1938 das Schicksal

Gertrud Wiesenthal im Jahr 1939

der meisten jüdischen Männer: Er wird ins Konzentrationslager Dachau gebracht. Die Frontkämpfer des Ersten Weltkriegs kehren nach wenigen Wochen zurück. Den Siegfried Wiesenthal will die Lagerleitung nicht herauslassen, weil ihm bei den stundenlangen Appellen die Hände erfroren sind. Die Schwellungen hätten nichts mit dem KZ Dachau zu tun, schwindelt Siegfried Wiesenthal, die seien eine Kriegsverletzung. So läßt man ihn gehen. Bei IG Farben sei der Vater damals schon nicht mehr beschäftigt gewesen, berichtet Tochter Trude. Sein angeblich bester Freund habe an die Deutsche Arbeitsfront geschrieben, in der Abteilung sei ein Jude beschäftigt. Der Vater habe die Kopie im Papierkorb gefunden. Der Mann, sagt sie, habe die Stelle des Vaters haben wollen …

Der Direktor des IG Farben-Werks möchte Siegfried Wiesenthal helfen. Er setzt sich mit einer Niederlassung des Weltunternehmens in Amerika in Verbindung. Aber nach Amerika wollen viele Deutsche fliehen, vor allem seit der „Reichskristallnacht". Sie müssen warten, bis ihre Wartenummer aufgerufen wird. Der Augsburger Weihbischof Eberle sorgt mit Hilfe des St. Raphaels-Vereins dafür, daß Siegfried Wiesenthal erst einmal aus Hitlers Machtbereich herauskommt und nach Holland einwandern darf. Dort wird er ins Flüchtlingslager Sluis an der Schelde eingewiesen. Die übrige Familie bleibt in Augsburg.

Es ist soweit! Am 10. Januar 1940 ist die Wartenummer der Familie Wiesenthal an der Reihe. Kaete und Gertrud Wiesenthal erhalten ein Visum, um sich in Rotterdam noch den vorgeschriebenen ärztlichen Untersuchungen unterziehen zu können und dann ihre Papiere für die Vereinigten Staaten zu erhalten. Fritz will Deutschland nicht verlassen: „Als Staatenloser vagabundier ich nicht durch die Welt", wehrt er ab. So reisen Muttter und Schwester nach Rotterdam, sehen dort den Vater wieder, werden vom Arzt untersucht und für tauglich befunden – nur ihre Visa bekommen sie nicht. Gertrud Wiesenthal will erfahren haben, daß der Konsul die zu jener Zeit nur noch gegen Geld oder gegen Brillanten herausgerückt habe. Die Hoffnung, in Amerika wieder ein Leben ohne Verfolgung und in Freiheit führen zu können, zerstiebt.

Die Wiesenthals bleiben in Holland. Vater Siegfried kehrt ins Lager Sluis zurück. Mutter Katharina kommt bei einer Kusine ihres Mannes in Amsterdam unter, Tochter Trude bei einer nach Holland geflüchteten Augsburger Familie, den Auerbachs. Der Rechtsanwalt Dr. Hans Auerbach, seine Frau Erna und die Kinder Eva und Kurt leben in Rotterdam. Hans Auerbach darf seinen Beruf in Holland nicht ausüben. Also lernt Erna Auerbach das Schneidern, damit sie die Familie über die Runde bringen kann. Eine Haustochter, die auf die vier und zehn Jahre alten Kinder aufpaßt, kommt da wie gerufen. Gertrud Wiesenthal: „Ich war 17 ½ und ein Kind. Ich hatte nach der Schulzeit als Pflichtjahr drei Monate bei Familie Ehegartner gearbeitet, den Eltern der jetzigen Frau von Oberbürgermeister Menacher. Die haben sich nichts draus gemacht, daß ich ein Mischling war. Ich hab's sehr gut gehabt dort. Außerdem hab' ich im Augsburger Afra-Heim drei Monate Kinderpflege gelernt, das war alles. Frau Auerbach hat mich das Bügeln gelehrt – man lernt ja bei anderen immer mehr als bei der eigenen Mutter, weil die sagt: 'Laß das sein, das mach ich'. Einmal habe ich das Bügeleisen zu lang auf einem Hemd stehen lassen. Es war braun angesengt. Ich hab' gemeint, ich muß in den Boden versinken. Aber Frau Auerbach erkannte, daß der Stoff nicht verbrannt war. Sie hat eine Fünf-Gul-

den-Münze so lang gerieben, bis der braune Fleck weg war. Gewußt wie...."
Im Mai 1940 überfällt die deutsche Wehrmacht Holland und erobert es in wenigen Tagen. Trude Wiesenthal erlebt bei Auerbachs das furchtbare Bombardement Rotterdams durch die deutsche Luftwaffe mit. Ungezählte deutsche Flüchtlinge, die sich im Nachbarland Holland sicher glaubten, befinden sich nun wieder in Hitlers Machtbereich. Wer kein Schiff nach England erreicht, der versucht seine Haut durch die Flucht nach Belgien zu retten. Um schneller voranzukommen, trennen sich die fliehenden Menschen von einem Gepäckstück nach dem anderen. Auch Siegfried Wiesenthal hofft, den Deutschen in Belgien entkommen zu können. Ein Trugschluß, denn die Wehrmacht ist auch nach Belgien und Frankreich eingefallen. Er kehrt zurück. Als Gertrud Wiesenthal bei den Auerbachs den Vater wiedersieht, trägt der einen Sack auf dem Rücken und besteht nur noch aus Haut und Knochen. Er muß sich erneut bei den holländischen Behörden melden; kommt zuerst in ein Flüchtlingslager, das in einem Wasserschloß untergebracht ist, und bald darauf an einen Ort, von dem aus einige Jahre später die Züge mit Juden in die Vernichtungslager rollen: Westerbork.
Die Verwandten, bei denen die Mutter in Amsterdam nach dem Fehlschlag mit Amerika untergekommen ist, sind reich. Kaete Wiesenthal wird von ihnen wie eine Dienstbotin behandelt. Als die Deutschen nach Holland einmarschieren, fliehen die Verwandten mit einem Teil ihres Hab und Guts – Gertrud Wiesenthal meint, sie seien mit mehr als 20 Koffern losgereist. Das Schiff, mit dem die Flüchtlinge England zu erreichen hoffen, wird bombardiert, das Gepäck vernichtet. Die Verwandten selbst werden nicht verletzt und kommen zurück. Gertrud Wiesenthal: „Aber in einer weiteren Woche waren sie wieder weg; die haben's ein zweites Mal geschafft, wegzukommen."

Gertrud Wiesenthal bei Schneiderarbeiten im holländischen Lager Westerbork

Auf der Suche nach einer neuen Bleibe fährt die Mutter nach Utrecht zum Raphaels-Verein. Sie kommt mitten in eine Razzia durch die Gestapo. Ein Pfarrer verschafft ihr in einem wegen der Semesterferien leerstehenden Studentenwohnheim eine Unterkunft. Gertrud Wiesenthal berichtet, die Mutter habe dann jede Woche darum betteln müssen, daß der Pfarrer das Zimmer weiterbezahlt. Geld zu verdienen sei der Mutter ja verboten gewesen: „Gegessen hat man – das hab' ich dann auch miterlebt – in einer aufgelassenen Metzgerei neben dem Krankenhaus von Utrecht. Es gab das abgetragene und in Milchkübeln zusammengeschüttete Essen der Kranken."

Dann ein Brief des Vaters aus Westerbork. Er liege mit 16 anderen in einem Saal zusammen, falls Frau und Tochter kämen, würde die Familie in einer Baracke eine kleine Wohnung bekommen können. Kaete und Trude Wiesenthal glauben, wenn sie freiwillig nach Westerbork gingen, könnten sie auch jederzeit wieder heraus aus dem Lager. Ein Irrtum: „Wir sind schon mit Polizeibeigleitung in den Zug gesetzt worden und dann war die Falle zu. Wir waren regelrecht eingesperrt im Lager, zwei Jahre lang."

Westerbork, das ist das 1939 von der holländischen Regierung eingerichtete und bis Mitte 1942 von Holländern geleitete zentrale Sammellager für jüdische Flüchtlinge. „Doch als die deutsche Besatzung feststellte, daß sich die Juden dort offensichtlich sehr wohlfühlten, wurde die Lagerleitung deutschem Personal übertragen", heißt es in Sigrid Lekebuschs Buch über die rheinischen Christen jüdischer Herkunft. Trude Wiesenthal sagt der holländischen Leitung Westerborks nach, waggonweise Zucker, Mehl und Lebensmittel verschoben zu haben – zu Lasten der Lagerinsassen: „Wir waren schon Ende 1940 unterernährt, da hat in Deutschland noch niemand Hunger gelitten." Es habe tagaus, tagein „Kälberzähne" gegeben, dicke Graupen, dünne Graupen. Was aus der Familie geworden wäre, wenn Vater Wiesenthal nicht „Küchenbulle" geworden wäre „und gestohlen hat, daß es besser nicht gegangen ist", vermag sich Trude Wiesenthal nicht auszumalen. Da ein in der Kantine beschäftigter Freund auch nichtverbrauchte Milch mitbringt, aus der die Wiesenthals Quark machen, wird die Augsburger Familie schließlich einigermaßen satt. Sogar der zugelaufene Kater Aron wird miternährt. Trude Wiesenthal lernt in Westerbork schneidern und erlebt dort hinter Stacheldraht auch ihre erste Liebe.

Sommer 1942, Tochter Trude ist 19. Die jüdisch Versippten dürfen das Lager

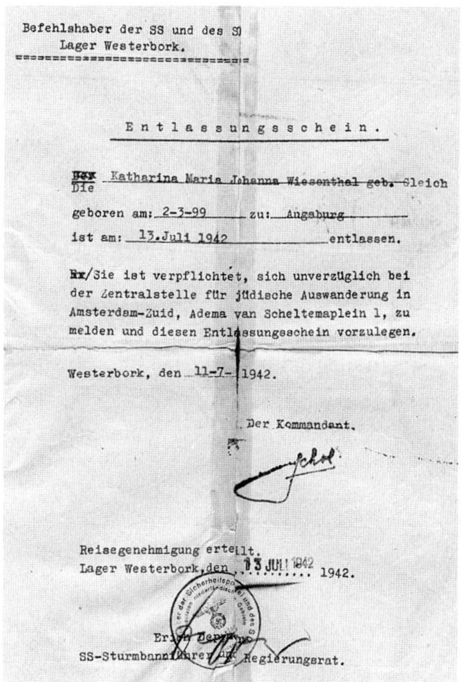

Befehlshaber der SS und des SD
Lager Westerbork.

Entlassungsschein.

~~Der~~ Die Katharina Maria Johanna Wiesenthal geb. Gleich

geboren am: 2-3-99 zu: Augsburg

ist am: 13.Juli 1942 entlassen.

~~Er~~/Sie ist verpflichtet, sich unverzüglich bei der Zentralstelle für jüdische Auswanderung in Amsterdam-Zuid, Adema van Scheltemaplein 1, zu melden und diesen Entlassungsschein vorzulegen.

Westerbork, den 11-7-1942.

Der Kommandant.

Reisegenehmigung erteilt.
Lager Westerbork, den 13 JULI 1942 1942.

Erich Deppner
SS-Sturmbannführer u. Regierungsrat.

Kaete Wiesenthals Entlassungsschein aus dem Lager Westerbork verlassen. Westerbork wird fortan für diejenigen gebraucht, deren Schicksal die Endlösung sein soll. Die Wiesenthals kommen in Amsterdam bei Siggi Einstein unter, einem Vetter des Vaters; sie müssen aber nach zwei Tagen schon wieder ausziehen. Die Tante, gerade aus dem Gefängnis entlassen, sagt: „Ihr beiden Frauen seid arisch. Ihr dürft nicht bei uns Juden wohnen." Wiesenthals werden bei anderen „ganz netten Leuten" eingewiesen. Trude verdient sich etwas bei einer reichen holländischen Familie, der sie Kinderkleider, Nachthemden und feine Blusen schneidert; die Mutter wird Dienstmädchen bei „halbjüdischen" Leuten; und der Vater arbeitet als Hausdiener, obwohl er – laut Tochter – „sechs Daumen hatte". „Aber die waren froh, wenn er nur das Gemüse geputzt, staubgesaugt und a bisserl abgestaubt hat."

Zwischendurch machen die Deutschen in der Innenstadt von Amsterdam immer wieder Jagd auf Juden. Über eine Razzia berichtet Trude Wiesenthal: „Vor Beginn wurden alle Brücken über die Kanäle in Amsterdam hochgezogen, die feste Brücke wurde von Soldaten bewacht. Panik unter den Juden: 'Rette sich, wer kann'. Selbst junge Mütter, die mit ihren Kindern über Dächer zu fliehen versuchten, wurden von den Häusern heruntergeschossen. Auch der Vater war weg. Die Mutter hat gesagt, daß sie das nicht zuläßt. Sie ist bis zum SS-Hauptsturmführer Ferdinand Hugo Aus der Fünten vorgedrungen. Das ist ein noch junger Mann, mit einer Reitgerte, mit der er – ach, was schlagen wir doch für eine herrliche Schlacht... – immer gegen die Stiefelschäfte klopft. Mutter hat gesagt: 'Wir sind gerade aus Westerbork freigelassen worden. Ich bin Christin und schon lang mit ihm verheiratet, mein Mann ist durch mich geschützt'.

'Das ist eben nicht so', hat der Aus der Fünten geantwortet und zynisch hinzugefügt: 'Da haben Sie eben so lang das Vergnügen gehabt, mit einem Juden verheiratet zu sein. Jetzt wissen Sie, daß er nicht geschützt ist'.

Also was blieb der Mutter anderes übrig als heimzugehen. Abends kam dann ein holländischer Straßenbahner. Er brachte einen Zettel, den mein Vater aus einem Kalender herausgerissen hatte: 'Macht euch keine Sorgen. Ich bin auf dem Weg nach Westerbork'.

Vater war vier Wochen fort, dann kam er frei, weil er unterschrieben hatte, daß er bereit sei, sich sterilisieren zu lassen. Das ist aber nie ausgeführt worden. Die holländischen Ärzte, die das machen sollten, waren untergetaucht. Für die Holländer waren die Deutschen Feinde. Aber für die Verfolgten aus Deutschland haben sie sich eingesetzt."

Siegfried Wiesenthal wird zu Zwangsarbeiten herangezogen. Morgens läuft er zu Fuß zu dem Arbeitsplatz, abends ist er abgekämpft und fährt mit der Straßenbahn heim. Weil er als Jude keine öffentlichen Verkehrsmittel benutzen darf, reißt er den gelben Stern ab, bevor er in die Tram steigt. Trude Wiesenthal erinnert sich, daß sie den Stern jeden Abend neu annähen mußte, aber

so, daß der Vater ihn leicht abziehen konnte ...
Es läßt sich nicht jede Station dieses Leidenswegs schildern, den die Wiesenthals in Amsterdam zu gehen haben. Aber wie sie den Hungerwinter 1944/45 überleben, das darf nicht fehlen. In Trude Wiesenthals Worten: „Wir bekamen 400 Gramm Brot in der Woche, und das war zusammengefallen und kletzig. Es gab nichts außer diesem Brot und von der öffentlichen Suppenküche für jeden täglich einen halben Liter Suppe. Angefangen von den Tulpenzwiebeln haben die Menschen in Holland alles verbacken und verkocht. Wenn mir die Leute in Deutschland sagen: 'Ja, Hunger haben wir auch gehabt' – die haben keine Ahnung. Wir haben wirklich nichts mehr gehabt. Es gab auch keinen Strom mehr, kein Gas, keine Heizung, keine Zeitungen, gar nichts. Wir haben irgendwen, der das konnte, gebeten, in eine leere Konservendose einen kleinen Rost 'reinzuschneiden. Damit hat mein Vater wie mit einem Kindersieb an einem aufgelassenen Bahnhof Kohlenreste aus der Erde herausgesiebt. Dann hat man Kartoffeln, wenn man mal welche aufgetrieben hat, in der Konservendose gekocht.
Einmal ist meine Mutter mit einer anderen Frau aus einer Mischehe ans Ijsselmeer zum Hamstern gefahren. Plötzlich kam ein Polizist und informierte den Vater, er solle sich keine Sorgen machen; es habe einen Schiffszusammenstoß gegeben, aber der Mutter sei nichts passiert. Dann ist das Ijsselmeer zugefroren und die Mutter konnte vorerst nicht zurück. Vor lauter Aufregung hat sie ihre Tage bekommen und hatte doch nichts dabei. Die gehamsterten Kartoffeln sind unterwegs erfroren. Die waren alle süß, als sie nach acht Tagen heimkam – abgemagert, stinkend.
Beim nächstenmal bin ich mitgefahren. Da habe ich mich so erkältet, daß ich nachher krank wurde. Der Arzt war sehr alt und hat eine Vertretung geschickt. Die hat mich nicht einmal untersucht, obwohl ich doch solche Leibschmerzen gehabt habe. Die hat gesagt: 'Das wird wohl ein Abgang sein'. Ich soll mich warm halten und liegen. Die Schmerzen sind immer schlimmer geworden und dann ist der Arzt doch gekommen. Er hat gesagt: Das ist eine Blinddarmentzündung. Da war diese schon ziemlich fortgeschritten. Benzin gab es keines. Ich bin bei klirrender Kälte auf einer fahrbaren Krankenliege, wie man sie im Operationssaal benutzt, ins Krankenhaus gerollt worden. Das Krankenhaus war bis auf den Teil für die deutschen Besatzer ungeheizt. Wenn operiert werden mußte, haben sie sich mit ein biss'l Wasser die Hände warmgemacht. Mir gaben sie einen Eisbeutel auf den Bauch. Ich hatte zwei Wolldecken und den Eisbeutel auf dem Bauch. Am nächsten Tag konnte ich nicht mehr schnaufen. Da hab' ich eine Lungenentzündung gekriegt und eine nasse Rippenfellentzündung noch dazu. Ich hab nicht mehr gewußt, wo mir was wehtut – alles ein Schmerz. 14 Tage bin ich auf Leben und Tod gele-

gen. Ich bin nicht operiert worden, weil die Bauchdecke völlig entzündet war. Ich wurde punktiert, das Wasser abgesogen, weil es eine nasse Rippenfellentzündung war. Ich konnte nicht mehr aufsitzen.

Ich habe aber jeden Tag eine Tasse Fleischsuppe gekriegt. Die Oberin kam vom Land und hat die Leute, wo sie herkam, angebettelt, daß sie ihr Eier und a bisserl was geben. Die ganz schwer Kranken haben davon was gekriegt. Nach sechs Wochen kam ich heraus. Meine Mutter hatte gebetet, daß ich gesund werde, und ich hatte gebetet: 'Lieber Gott, laß mich sterben.' Erstens hatte ich eine Enttäuschung mit meinem Freund erlebt und dann das armselige Leben.

Trotzdem: Es war gut, daß ich ins Krankenhaus gekommen war. Der Vater hatte einen deutschen Marinesoldaten aufgetan. Er hat ja immer geschaut, wo er was herkriegen kann für uns. Wie der Soldat gehört hat, daß eine Tochter da ist, da wollte der kommen... Da war ich dann doch froh, daß ich ins Krankenhaus gekommen bin.

Dann haben die Kanadier uns befreit. Ich konnte ja noch kaum laufen. Mutter und ich sind an die Straße gegangen und ich hab mich auf den Randstein gesetzt. Befreit! Wir haben alle geheult. Vier Wochen darauf habe ich wieder so eine Reizung gehabt, da bin ich operiert worden und nach 14 Tagen wieder herausgekommen."

Nach Deutschlands Zusammenbruch und Kapitulation setzen die Wiesenthals alle Hebel in Bewegung, um die Verbindung zum Sohn Fritz in Deutschland herzustellen. Der hat mittlerweile Theologie in Dillingen studiert, wird aber vom Bischof nicht ausgeweiht. Trude Wiesenthal: „Der war zu feige, einen Halbjuden auszuweihen." Als Fahrer einer Lebensmittelfirma übersteht Fritz Wiesenthal den Krieg, fährt nach dessen Ende auch einmal mit einem Lastwagen bis an die holländische Grenze, um die Eltern abzuholen. Aber die Grenzzäune sind für Deutsche damals noch hoch. Das Unternehmen scheitert.

Ende Juli 1945 ist es endlich soweit, daß Siegfried, Kaete und Trude Wiesenthal in Amsterdam ihre wenigen Habseligkeiten packen können. Mit einem Schiff fahren sie über über holländische Kanäle nach Eindhoven. Auf dem Gelände der Radio- und Elektrikfirma Philips befindet sich ein Lager für Deutsche, in der Mehrzahl solche, die in Holland nicht mehr erwünscht sind. Als die Wiesenthals gefragt werden, warum sie denn in so ein Land wie Deutschland zurückgehen wollen, antwortet die Mutter: „Erstens ist mein Sohn dort, zweitens möchte ich den Deutschen die Gelegenheit geben, gutzumachen, was sie an uns verbrochen haben." Trude Wiesenthal: „Da hat der Holländer gesagt: 'Ooch een Standpünkt ...'."

Eine Woche später setzt ein Lastwagen die Familie in Kevelaer ab. Der Wallfahrtsort am Niederrhein ist zerstört, nur die Gnadenkapelle ist einigermaßen unbeschädigt geblieben. Vor der steigen die Heimkehrer aus. Die Wie-

Kaete, Siegfried und Gertrud Wiesenthal auf einer nach dem Zweiten Weltkrieg entstandenen Aufnahme

senthals sehen das als gutes Omen für die Zukunft an.

In Gersthofen beginnt die Familie neu. Die Lech-Chemie Gersthofen – zuvor IG Farben und ab 1952 Farbwerke Hoechst – stellt den Vater wieder ein. Er wird Leiter des Finanzwesens. Nur eine Bedingung stellt er vor dem Eintritt: daß der sogenannte „Freund", der ihn einst „hingehängt" hat, sofort entlassen wird. Zuerst leben die Wiesenthals in einer kleinen Wohnung, dann in einem Zwei-Familienhaus. Da gibt es sogar einen Taubenschlag. Der Vater bringt es nicht übers Herz, eines der Tiere zu schlachten. „Mach du das", sagt er zu seiner Frau. Trude Wiesenthal: „'Ich mach das, hat die Mutter gesagt'. Dann sind wir an die Tonne gegangen. Ich mußte den Hals lang ziehen, sie nahm ein scharfes Messer und sagte: 'Jetzt denke ich an Hitler…' Es ging dann sehr gut."

Siegfried Wiesenthal stirbt 1951, 59 Jahre alt, an Krebs. Erst wenige Wochen vor dem Tod gibt er die Arbeit auf, weil die Erstickungsanfälle zu schlimm geworden sind. Als tiefgläubiger Mensch lehnt er sich nicht auf gegen den Tod. Bis nachmittags um vier

Fritz Wiesenthal nimmt seinen Hut. Als er 1972 aus dem Amt scheidet, ist er zehn Jahre lang Landrat des Kreises Augsburg gewesen. Foto: Fred Schöllhorn

habe er in Schillers „Wallenstein" gelesen, berichtet Tochter Gertrud; dann habe er gesagt: „Jetzt hätt ich noch 17 Seiten ... Geht nicht mehr, schade." Er habe gewußt, daß sein Leben zu Ende sei. Sein letztes Wort sei an die Mutter gerichtet gewesen: „Versorgt bi'st ja." Vorher habe er sich von der Mutter regelrecht verabschiedet und sich für alles bei ihr bedankt.

Fritz Wiesenthal, der Sohn, nimmt nach dem Zweiten Weltkrieg ein neues Studium auf. Er wird Jurist. Von 1950 bis 1962 ist er Erster Staatsanwalt in Augsburg. Auch politisch engagiert er sich. Höhepunkt seiner Karriere: 1962 und 1968 wird er von der Bevölkerung zum Landrat des Kreises Augsburg gewählt. Als er 1972 aus dem Amt scheidet, schreibt er in der „Augsburger Allgemeinen": „Und wie ich vordem – zwölf Jahre hindurch – als Richter und Staatsanwalt tätig war, so werde ich nun im freien Beruf weiterhin der Idee des Rechts und der Gerechtigkeit verhaftet bleiben." Fritz Wiesenthal verwirklicht diesen Grundsatz dann als Rechtsanwalt, doch bleiben ihm nur noch fünf Jahre. Er stirbt 1977.

Mutter Kaete und Trude sind 1953 von Gersthofen nach Augsburg in das schöne Haus gezogen, das einmal die jüdische Familie Dann bewohnt hat. Kaete Wiesenthal hatte bereits nach ihrer religiösen Wandlung in der Pfarrei St. Ullrich und St. Afra sowie in der Caritas sehr engagiert mitgearbeitet; Afra-Heim Gründerin und Direktorin Anna Simon hätte sie damals schon gern als ihre Nachfolgerin gesehen, aber in der Zeit des Dritten Reichs ist das nicht durchzusetzen. So ist Kaete Wiesenthal erst nach der Rückkehr aus dem Exil in Holland, von 1963 – 1971, Vorsitzende des „Sozialdienst katholischer Frauen" in Augsburg geworden. Sie stirbt 1981.

Wäre ihr Leben in normalen Bahnen verlaufen, hätte Trude Wiesenthal vermutlich einen kaufmännischen Beruf erlernt oder in einem Büro gearbeitet. Maschineschreiben, Stenografie, Buchführung hatte sie ja noch in Augsburg gelernt. Stattdessen werden Schere und

Nähmaschine ihre wichtigsten Werkzeuge. Denn sie behält den Beruf bei, den sie im holländischen Lager Westerbork durch die Macht der damaligen Lebensumstände erlernt hatte: Sie wurde Schneiderin. Perfektion und „modischen Schliff" einer Meisterin holte sie sich nach der Heimkehr bei der Deutschen Meisterschule für Mode in München.

Trude Wiesenthal hat sehr viel Schweres im Dritten Reich durchstehen müssen, zusammen mit ihren Eltern. Über Vater und Mutter sagt sie: „Noch bessere Eltern als diese Eltern kann man nicht haben. Die haben nur für uns gelebt."

Quellen u.a.:
Interviews,
Dokumente,
„Augsburger Allgemeine"vom 1. Juli 1972,
Niederländisches Staatliches Institut für Kriegsdokumentation, Amsterdam.

**** aus Augsburg*

Wie ein Bub die Verfolgung erlebte

Wurden die aus Mischehen hervorgegangenen Kinder jüdisch erzogen, trafen diese Familien die Verfolgungsmaßnahmen in voller Härte. Der Vater, soweit dazu körperlich in der Lage, hatte Zwangsarbeit zu leisten; die Buben und Mädchen hatten im November 1938 die öffentlichen Schulen zu verlassen und jüdische Schulen – so lang es die noch gab – zu besuchen. Sie mußten den Judenstern tragen, waren von Deportationen bedroht.

Die Familie: Sie lebt in der Augsburger Innenstadt. Der Vater, ein Versicherungskaufmann, ist Jude, die Mutter Christin. *** hat zwei ältere Geschwister. Die Kinder erhalten die Religion des Vaters.

Der Pogrom 1938: Die sogenannte Reichskristallnacht ist seine früheste Erinnerung an die Verfolgung. *** ist damals vier Jahre alt. Zwei Männer kommen. „Schnell, schnell, das Nötigste zusammenpacken." Sie nehmen den Vater mit. Es dauert lang, bis dieser wiederkommt.

Die Schule: Weil *** als Jude gilt, darf er nicht wie andere Kinder eine öffentliche Schule besuchen, als er sechs Jahre alt wird. Er geht in die Synagoge, wo die jüdischen Schüler und Schülerinnen unterrichtet werden. Der Weg von der Wohnung dorthin ist nicht weit. Anfangs gehen ***, sein Bruder und seine Schwester unbegleitet dorthin. „Aber da sind bestimmte Kinder gewesen, die uns immer verhauen haben." Die Mutter geht schließlich mit, um ihre Kinder zu beschützen. Den Unterricht in der Synagoge erteilt der Lehrer Liffgens, der später nach Auschwitz deportiert wird. Die Klasse wird immer kleiner, weil ein Mitschüler nach dem anderen auswandert oder auch deportiert wird. Mehrere fordern die Zurückbleibenden auf: „Kommt und holt euch mein Spielzeug. Ich brauche es nicht mehr." Schließlich sind *** und seine beiden Geschwister die letzten Schüler. Die Schule wird geschlossen. Nun versucht die Mutter, ihm und den Geschwistern daheim etwas beizubringen. „Aber wie das immer schlimmer geworden ist und die anderen weggekommen sind, da hat uns die Mama nicht mehr geplagt. Eigentlich habe ich nicht mal meinen Namen schreiben können, als der Krieg zu Ende war."

Spielkameraden und Nachbarn: Es gibt Eltern, die ihren Buben und Mädchen verbieten, mit dem Judenkind zu spielen. Aber nicht alle. Einmal sagt ein Nachbar, der Eis vom Hof entfernt: „Du Saujud, geh' weg, sonst hau' ich dich mit der Schaufel tot", zu ***.

Der Judenstern: Ab November 1941 müssen Juden den gelben Stern tragen. *** erinnert sich noch, wie die Mutter diesen an Mäntel und Jacken der drei Kinder genäht hat. Obwohl er noch ein kleiner Bub ist, fällt es ihm schwer, mit dem gelben Stern an anderen Kindern vorbeizugehen: „Man war halt gezeichnet." Die Mutter selbst braucht das Kainsmal nicht zu tragen. Wenn sie mit den Kindern unterwegs ist, kommen manchmal Leute und sagen ihr, daß sie durchhalten solle. ***: „Andere haben uns angespuckt oder mit Schneebällen geworfen. Meinem Bruder haben sie einen mit Kieselsteinen gefüllten Schneeball ins Gesicht geworfen. Und sie haben ihn aus der fahrenden Straßenbahn 'rausgeworfen."

Die Deportation der Großeltern: Die Tage vor dem Abtransport verbringen die alten Leute in der Synagoge in der Halderstraße. Auf dem Fußboden liegen Matratzen. Darauf müssen die Menschen schlafen, bis zur Abfahrt aufgerufen wird. Jüngere jüdische Männer begleiten die Alten, Kranken und Gebrechlichen zum Bahnhof Morellstraße. Zu den Männern und Frauen, denen der Vater behilflich ist, als sie in Viehwagen klettern müssen, gehören seine eigenen Eltern. Der Abschied übersteigt seine Kräfte. Ihm wird übel. *** berichtet, daß ein Gestapo-Mann gefragt hat, was los sei. „Das sind meine Eltern", habe der Vater geantwortet. Der Gestapo-Mann habe dem Vater daraufhin eine Zigarette gegeben. Die Großmutter stirbt auf dem Transport nach Theresienstadt. Der Großvater wird in Auschwitz ermordet.

Zwangsarbeit: Der Vater muß bei Baufirmen Zwangsarbeit leisten, seit er aus Dachau zurück ist. Er wohnt weiterhin mit der Familie zusammen. Als den Juden verboten wird, öffentliche Verkehrsmittel zu benutzen, muß er die Wege von und zur Arbeitsstelle zu Fuß zurücklegen. Der Vater wird für die Arbeit ganz schlecht bezahlt, aber immerhin bringt er Geld mit nach Hause. Einer der Chefs erlaubt ihm, sich vom Lager Nägel und anderes Material mitzunehmen, um die begehrten Artikel gegen Eßbares einzutauschen, damit die Familie nicht hungern muß. Die Mutter geht bis Königsbrunn „hamstern". Sie hätte das letzte Hemd weggegeben, um uns satt zu machen. „Das sind irdische Güter, die kann man eines

Tages neu beschaffen", habe sie gesagt. „Gehungert haben wir nicht."

Der Abschiedsbrief: Die Familie wird ausgebombt. Sie lebt dann bei Verwandten der Mutter in Kriegshaber. Dort erreicht sie die Mitteilung von der bevorstehenden Deportation nach Theresienstadt. *** schwört, daß mit dem Vater auch die drei Kinder weggebracht werden sollten. Der Vater hat das Schicksal der eigenen Eltern vor Augen: „Die Eltern hätten eher den Gashahn aufgemacht, als daß wir uns an der Morellstraße gestellt hätten. Sie haben das ganz nüchtern mit uns Kindern besprochen. Es ist besser, sich das Leben zu nehmen, als den Verbrechern in die Hände zu fallen. Seid ihr einverstanden?" Doch es ist Februar 1945. Die Mutter hat ausländische Sender abgehört. Sie weiß, daß das Ende des Dritten Reichs nicht mehr fern sein kann. Deshalb sehen die Eltern die Chance, in einem Versteck zu überleben. In der Wohnung der Großmutter hinterlassen sie einen Abschiedsbrief: „Wir sind in den Freitod gegangen." Tanten gehen mit dem Schreiben zu Polizei und Gestapo und sagen, man müsse doch nach der Familie suchen. Doch die winken ab. So erreicht die Familie in ihren Verstecken die für sie gute Nachricht: „Ihr werdet nicht gesucht. Polizei und Gestapo haben genug mit sich selbst zu tun, weil der Amerikaner immer näherkommt."

Versteckt: Die Familie trennt sich. Vater und ältester Sohn werden in Augsburg in einem Gartenhaus versteckt, Mutter, Tochter und jüngster Sohn leben bis zum Kriegsende in einem Vorort auf dem Dachboden. Weil in dem Haus auch ein Angehöriger der Wehrmacht wohnt, können sie den Unterschlupf in der Dachgaube nur verlassen, wenn dieser Mitbewohner außer Haus ist. „Dann hat man uns 'runtergeholt, damit wir uns waschen konnten. Wir haben dann auch unten etwas zu essen bekommen. Ansonsten wurde uns das Essen 'raufgebracht. Wir haben ein Deckenlager gehabt: Die Mutter in der Mitte, die Schwester links, ich rechts. Unser Klo oben, das war ein Kübel. Wir haben zum Fenster 'rausschauen können und haben gesehen, wie Augsburg bombardiert worden ist. Wir haben nicht in den Luftschutzkeller 'runtergehen dürfen. In den drei Monaten sind wir nicht aus dem Haus gekommen." Unmittelbar vor dem Einmarsch der Amerikaner holt ein Bekannter Mutter, Tochter und Sohn mit dem Motorrad ins Versteck des Vaters, damit alle zusammen sind für den Fall, daß etwas passiert. Gleich nach der Befreiung marschiert die Familie nach Kriegshaber zu den Verwandten. „Da ist Kriegshaber zusammengelaufen. Wir sind ja von den Toten wiederauferstanden", erinnert sich ***.

Nach dem Krieg: In der Zeit der schlimmen Verfolgung haben die Eltern das Gelübde abgelegt, die Kinder katholisch werden zu lassen, damit sie nicht noch einmal so etwas mitmachen müßten wie im Dritten Reich. Ein Pfarrer bringt *** und den Geschwistern alles bei, was sie über den katholischen Glauben wissen müssen, und tauft sie.

Der Vater bleibt jüdisch. *** kann erstmals eine öffentliche Schule besuchen. Er und seine beiden Geschwister kommen in die Klassen, in die sie vom Alter her gehören. Sie brauchen Nachhilfe, um den Anschluß zu finden, sind aber keine schlechten Schüler. Wären sie in normalen Zeiten groß geworden, hätten die Eltern sie auf höhere Schulen geschickt. Diese Chance hat ihnen die Verfolgung genommen. Die Söhne erlernen handwerkliche Berufe, die Tochter eine kaufmännische Tätigkeit. Es werden tüchtige Leute aus ihnen.

Normal werden: Elf Jahre alt ist *** gewesen, als der Krieg zu Ende geht. Er braucht lang, um wieder ein normaler Mensch zu werden. Jahrelang schauen er und die Geschwister sich ständig um, wenn sie irgendwohin gehen, ob ihnen auch niemand folgt …

Heute: Ein Sprichwort besagt, daß die Zeit Wunden heile. Offenbar nicht alle. „Fragen Sie meine Frau, was die mitmacht durch mich." Unter den Geschwistern, im Familienkreis wird möglichst nicht über die Ereignisse geredet. Aber ganz lassen sich solche Gespräche nicht vermeiden oder es weckt eine Sendung des Fernsehens die Erinnerungen. Dann schreit *** später im Schlaf, daß er verfolgt wird, und ist von seiner Frau nur ganz schwer zu beruhigen. „Ich bin nun über 60 Jahre alt. Aber diese Zeit steckt in mir. Ich schleppe sie mit mir herum." *** meidet auch bis heute einige Augsburger Geschäfte. Er erinnert sich an deren Schilder „Juden sind hier unerwünscht." Einmal sagt jemand in seinem Beisein, man solle doch endlich aufhören, immer wieder über die Judenvernichtung zu reden und zu schreiben. Das müsse man doch als ein Naturereignis bewerten. „Da bin ich aufgesprungen, hab' den Stuhl beiseite geschoben und bin herausgegangen. Die haben mich eine Stunde lang gesucht und nicht gefunden. Meine Frau ist auch gegangen und hat im Hotelzimmer geweint …" Als sie *** endlich finden, bedauert der Bekannte seine Äußerung. Er habe doch nicht gewußt, daß auch *** ein Betroffener sei. „Ich habe geantwortet: 'Ihr seid alle so klug. Bemüht euch doch wenigstens, soviel von der Geschichte zu wissen, daß ihr nicht mehr sagt, sechs Millionen Juden in die Gaskammern zu schicken sei ein Naturereignis'."

Auch daß es noch Antisemitismus gibt, weiß ***. Er ist Geschäftsmann und es ist leider vorstellbar, daß sogar der eine oder andere Kunde wegbleibt, wenn er von der jüdischen Herkunft erfährt. Das ist der Grund, warum *** hier nicht mit Namen genannt wird. Es ändert aber nichts daran, daß er seine Kindheit so erlebt hat, wie sie hier geschildert worden ist.

Quellen u.a.:
Interview,
Dokumente.

Glückliche Familie: Hermann und Ida Pick mit den Kindern Edgar und Paula

Paula Pick aus Memmingen

In Deutschland verfolgt, in England interniert

> *„Andere sind im KZ gewesen. Ich habe doch nichts mitgemacht." (Paula Pick)*

1909: In Neu-Ulm heiratet Hermann Pick aus Stuttgart Ida Miller aus Augsburg. Weil sie im gleichen Geschäft in Ulm angestellt sind, haben sie sich kennengelernt. Noch im gleichen Jahr machen sie sich selbständig. Sie erwerben in der Kramerstraße 12 in Memmingen das Textilgeschäft der Gebrüder Rheineck. Kurzwaren, Kleiderstoffe, Bettwäsche, Arbeitsbekleidung für die Bauern und vieles mehr gibt es da zu kaufen. Neben Hermann und Ida Pick sind bald fünf weitere Angestellte nötig. Der Laden hat „etwas auf sich". 1911 wird den Picks der Sohn Edgar geboren, 1914 die Tochter Paula – auch familiär ist das Glück vollkommen.

Früh werden die Weichen für die Zukunft der beiden Kinder gestellt. Paula soll eines Tages das Geschäft weiterführen, Edgar Nachfolger eines kinderlosen Onkels werden, der in Stuttgart eine Privatbank besitzt. Der Sohn absolviert nach der Schulzeit eine Ausbildung für das Bankfach in Frankfurt am Main, volontiert dann einige Zeit bei der Stadtsparkasse in Memmingen sowie bei einer Bank in Bochum und tritt 1932 in das Geschäft der Eltern ein. Praktische kaufmännische Erfahrungen können ja auch einem künftigen Bankchef nichts schaden. Alles scheint aufs Beste geregelt – bis Hitler am 30. Januar 1933 an die Macht kommt. Von jenem Tag an gehört die gesamte Memminger Familie Pick zu den Verfolgten, obwohl allein Hermann Pick jüdischen Glaubens ist, Frau Ida und die Kinder dagegen evangelisch sind.

Daß der Vater jüdisch ist, ist den Kindern bis dahin gar nicht so recht bewußt gewesen. Er sei ein völlig unreligiöser Mensch gewesen, erinnert sich

Tochter Paula. Einzig am „langen Tag" habe die ganze Familie gefastet und abends Berches, einen geflochtenen Hefezopf, sowie Sardellenbutter gegessen: „In die Synagoge ist der Vater nie gegangen, aber mich hat er sonntags in die Kirche geschickt."

Hermann Pick ist in Memmingen angesehen. Er hat ein Herz für andere. Bettler weist er nicht ab, gibt ihnen aber kein Geld, sondern schickt sie mit Gutscheinen in die „Blaue Traube" oder den „Bauerntanz", damit sie essen, sich indes nichts Alkoholisches bestellen können. Von 1921 ab ist er Vorsteher des 7. und 15. Memminger Stadtbezirks. „Wir haben von Ihrem freiwilligen Rücktritt als Wohlfahrtspfleger und Bezirksvorsteher Kenntnis genommen. Für Ihre langjährige und segensreiche Tätigkeit sprechen wir hiermit unseren wärmsten Dank aus. ... Mit vorzüglicher Hochachtung zeichnet namens des Wohlfahrtsausschusses ... Dr. Berndl, 1. rechtsk. Bürgermeister" heißt es im Dankesbrief des Stadtoberhaupts. Das Schreiben ist vom 1. April 1933 – abgefaßt zwei Tage nach dem Boykott jüdischer Geschäfte. Auch vor dem Laden in der Kramerstraße 12 hatten zwei SA-Männer Posten bezogen, um die Kunden vom Einkauf abzuschrecken.

Beide SA-Männer hätten ein paar Jahre zuvor noch in der gleichen Klasse wie Edgar Pick die Schulbank gedrückt, erinnert Paula Pick sich. Sie seien auch beim Pogrom 1938 mit von der Partie gewesen. „Judengeschäft" sei am Nachmittag des 10. November auf die La-

Das Geschäftshaus von Hermann Pick in der Kramerstraße 12
Foto: Stadtarchiv Memmingen

denscheibe geschmiert worden – und als Edgar Pick die Schmiererei wegwischt, habe einer der beiden gesagt: „Wenn du nochmal säuberst, wirst du eingesperrt."

Hermann und Ida Pick weilen an jenem November-Tag 1938 in Ulm. Großmutter Miller wird dort beigesetzt. Plötzlich ein warnender Telefonanruf Edgar Picks: „Mutter, komm' ohne Vater nach Memmingen zurück."

Hermann Pick bleibt bei Ulmer Verwandten. Er erlebt nicht mit, wie die braune Horde sein Geschäft verwüstet und auch seine Wohnung. Keinen einzigen Suppenteller habe die Mutter damals mehr besessen, weil der Schrank umgeworfen worden war, berichtet Paula Pick. „Es wird hiermit bestätigt, daß der Kaufmann Hermann Pick in dem ihm und seiner Frau gehörenden Anwesen Kramerst. 12 in Memmingen infolge der in jüngster Zeit eingetretenen Schäden nicht mehr wohnen kann", muß Bürgermeister Dr. Berndl am 24. November 1938 sogar amtlicherseits bescheinigen. Und gewiß wäre auch Hermann Pick wie die anderen jüdischen Männer verhaftet und ins KZ Dachau gebracht worden, wenn er nach Memmingen zurückgekehrt und nicht untergetaucht wäre: Zuerst in Ulm, dann lange Zeit bei einer Cousine in Freiburg.

Die Geschwister Edgar und Paula Pick

Edgar Pick

Nicht allein die in die Geschichtsbücher eingegangenen Daten und Ereignisse machen die Tragödien der im Dritten Reich Verfolgten aus. Beispiel Edgar Pick: Bankier wollte er werden. Automechaniker und Besitzer einer Eisdiele ist er geworden. Letzteres erst nach dem Ende des Dritten Reichs. Die 1935 begonnene Ausbildung in einer auf Adler-Automobile spezialisierten Werkstatt in Memmingen muß er 1936 bereits wieder aufgeben, weil der Vater erkrankt. Edgar Pick reist fortan für „Rheineck" – hin zu den Kunden, die sich nicht mehr in das Pick'sche Geschäft trauen und diesem dennoch treu bleiben wollen. Ein Versuch, die Firma vor der „Arisierung" zu bewahren und sie der Familie zu erhalten, schlägt im August 1938 fehl. Auch das ist schriftlich dokumentiert: „Dem Gesuch des Kaufmanns Edgar Pick in Memmingen um Erteilung der Erlaubnis zur Übernahme der Firma Gebr. Rheineck (Inhaber Hermann und Ida Pick) wird die Genehmigung versagt, weil anzunehmen ist, daß der Betrieb auch nach dem Ausscheiden seines Vaters, des Juden Hermann Pick, noch unter dessen beherrschendem Einfluß stehen wird und somit als jüdischer Gewerbebetrieb zu gelten hat." Zuvor hatte Edgar Pick schon einen anderen Versuch unternommen, um den Fortbestand der Firma zu sichern, indem er sich 1936 zum Wehrdienst gemeldet hatte. Nachdem sich eigens ein „Prüfungsausschuß der Regierung von Schwaben und Neuburg für die Zulassung von Nichtariern zum aktiven Wehrdienst" mit der Angelegenheit befaßt hatte, wurde dem Gesuch stattgegeben. Gerettet hat der Wehrdienst die Firma nicht.

Durch Schließung und Plünderung des Geschäfts und seines großen Warenlagers im November 1938 seien zwangsläufig Schulden entstanden, berichtet Paula Pick. Die Versteigerung sei die Folge gewesen: „Das Haus Kramerstraße 12 hat sich die Stadt Memmingen unter den Nagel gerissen. Niemand sonst war als Bieter zugelassen." Der Ladenraum ist dann von einem Nachbarn genutzt worden, im 1. Stockwerk wird während des Zweiten Weltkriegs eine Wehrmachtsdienststelle eingerichtet, das zweite Stockwerk beherbergt eine Familie.

Paula Pick berichtet auch, daß nicht nur Kunden das Haus Kramerstraße 12 schließlich gemieden haben. Auch der evangelische Pfarrer habe zur Isolierung der Familie beigetragen. „Ich würde ja gern die Frau Pick besuchen, aber in das Haus soll man ja nicht mehr 'rein", zitiert sie den Geistlichen.

Zurück zu Edgar Pick: Während des Zweiten Weltkriegs wird er nicht einberufen. Er arbeitet in einer Autofirma in Landau/Pfalz. Weil diese Aufträge für die Wehrmacht ausführt, bleibt ihm in der letzten Kriegsphase ein Arbeitslager für „Halbjuden" erspart. Der Chef erklärt ihn für unabkömmlich. Die Lebenspläne, die er einmal hatte, kann Edgar Pick auch nach dem Zusammenbruch des Dritten Reichs nicht wieder aufgreifen. Das Textilgeschäft in der Kramerstraße 12 besteht nicht mehr, das „Bankgeschäft Edgar Pick & Cie." in Stuttgart ebensowenig. Dennoch kehrt er nach Memmingen zurück. Er hat schon in Landau eine Familie gegründet, in Memmingen betreibt er dann zuerst eine Tankstelle in der Äußeren Lindauer Straße, ab 1952 eine Eisdiele im Haus Kramerstraße 12. „Sie ist heute noch ein Begriff. Er hatte sich besondere Eisrezepte ausgedacht", erinnert sich die Schwester. 1969 stirbt der Bruder an Krebs.

Paula Pick

Als hätte ich mich frevelhaft vergangen,
bin, ohne Schuld, ich peinlich in Verdacht,
vielleicht im nächsten Augenblick gefangen
und um den Schein an Freiheit noch gebracht,
der Freiheit, derentwegen ich entsagte
und mich der heimatlichen Hut entschlug,
die Flucht in das mir Unbekannte wagte,
der Fremde Unzulänglichkeit ertrug,
um hier, nun, in der Freiheit Mutterlande,
in dem ich mich in Freundesland gemeint,
zu meiner und der ganzen Menschheit Schande
mißtrauisch gleichgesetzt zu sein dem Feind.

(Gedicht „Wie lange noch" des im

Zweiten Weltkrieg ebenfalls in England internierten deutschen Dichters Max Herrmann-Neisse)

Die Klasse der Höheren Mädchenschule, die Paula Pick bis 1930 besucht, ist religiös gemischt. Ein Teil der jungen Damen ist evangelisch wie Paula Pick, andere Schülerinnen sind katholisch und Lorle Guggenheimer, Irma Bacharach und Ida David sind jüdisch. An Vorurteile gegenüber den jüdischen Mädchen kann sich Paula Pick nicht erinnern. Umso schmerzlicher treffen sie die Ereignisse, die mit Hitlers Machtergreifung 1933 einsetzen. Die Verfolgung der Juden, die auch sie und ihre Familie einbezieht, verletzt Paula Picks Gerechtigkeitsgefühl. Sie denkt sogar einmal an Selbstmord. „Ich bin mit Ruth Guggenheimer und Lisa Eisfeld zu einer Bergtour in Oberstdorf gewesen und habe gedacht: Ich mache dieses Leben nicht mehr mit."

Das Leben hat sich Paula Pick nicht genommen, aber damit es wieder lebenswert würde, läßt sie Deutschland im November 1934 hinter sich. In England arbeitet sie zuerst als au-pair-Mädchen – unentgeltlich. Gerade einmal zehn Reichsmark darf ihr die Mutter monatlich aus dem an Devisen armen Deutschland schicken. Die gibt Paula Pick nicht aus, sondern legt sie zurück, um Weihnachten bei der Familie in Memmingen feiern zu können. Später arbeitet sie in einem Haushalt. Und 1937 oder 1938 verlobt sie sich mit William Lewis. Der schneidert Blazer für die Cambridge-Studenten und schreibt seiner großen Liebe eines Tages in einem Brief: „Wo immer du bist, ich finde dich nach dem Krieg."

Wie so viele deutsche Emigranten und Flüchtlinge in England macht nämlich der Zweite Weltkrieg fast über Nacht auch Paula Pick zur feindlichen Ausländerin. Daß sie Deutschland verlassen hat, weil sie es dort wegen der Entrechtung und Verfolgung nicht nur der eigenen Familie nicht mehr aushält, zählt plötzlich nicht mehr angesichts der gewaltigen Furcht vor deutschen Spionen und vor einer sogenannten „Fünften Kolonne", heimlichen Helfern bei einer deutschen Invasion. Sie wird mehrfach verhört und am 10. März 1940 ins Londoner Frauengefängnis Holloway Prison gesperrt. Sogar Jüdinnen, die nur noch die Papiere für die Weiterreise nach Amerika abzuwarten hatten, seien dort Leidensgefährtinnen gewesen. Das Datum der Festnahme prägt sich Paula Pick so genau ein, weil sie zu der Beamtin sagt: „Könnt ihr nicht noch zwei Tage bis nach meinem Geburtstag am 12. warten?"

Historiker sind der Meinung, daß die Engländer zu Beginn des Zweiten Weltkriegs fair mit „feindlichen Ausländern" umgegangen sind. Die Behörden laden diese vor Tribunale und „sortieren" sie: Nazis in (die sofort internierte) Gruppe A, Gegner des Nationalsozialismus in Gruppe C. Wer nach Meinung der Tribunale weder Hitler-Anhänger noch Hitler-Gegner ist, erhält die Kategorie B. Paula Pick vermag nicht zu sagen, wie sie eingestuft worden ist. Sie nennt die britische Poli-

tik gegenüber den Ausländern aus Deutschland und Österreich unlogisch: „Sonst hätten sie nicht Frauen interniert, die auf die Einreiseerlaubnis nach USA warteten. Meine jüdische Freundin Lorle Guggenheimer aus Memmingen ist nicht interniert worden, deren Bruder Fritz doch." Wie dem auch sei: Mit dem Beginn der deutschen Besetzung Dänemarks und Norwegens ab April 1940 werden massenhaft „feindliche Ausländer" aus allen Kategorien interniert, ist es vorerst einmal mit der Fairness vorbei. Gerüchte – beispielsweise über deutsche Agenten, die als Nonnen verkleidet an Fallschirmen gelandet seien – versetzen viele Engländer in Panik. Doch erklärt der Überfall auf die beiden skandinavischen Staaten nicht auch Paula Picks Verhaftung. Ist die doch schon im März erfolgt.
Arbeit wird von den internierten Frauen im Holloway Gefängnis nicht verlangt. Paula Pick schneidet freiwillig gelegentlich mit der Heckenschere den Rasen – nur um im Freien sein zu können. Einmal meutert sie, weil es nur Margarine gibt und sich im Tee Brom befindet, der die Frauen müde machen soll. Zwei Briefe und eine Karte darf sie jeden Monat schreiben; aber der stärkste Trost ist, daß William Lewis sie besucht. Eine Quäkerin, die Paula Pick betreut, stellt ihr eines Tages überraschend die Frage: „Wissen Sie eigentlich, warum Sie interniert wurden?" – und gibt auch gleich die Antwort: „Da war jemand eifersüchtig auf Ihren Verlobten." Aber das ist wohl eher Gefängnisklatsch als Wahrheit. Wahr ist dagegen, daß eines Tages einige der inhaftierten Frauen nicht mehr da sind. Die seien freigelassen worden, wird ihr geantwortet. Paula Pick: „Dabei waren die in der nationalsozialistischen NSDAP. Die haben sie 'rausgelassen und die Jüdinnen festgehalten."
Nach einem halben Jahr im Gefängnis wird Paula Pick auf die Isle of Man gebracht: Zuerst in einem verschlossenen Waggon bis Liverpool, dann mit dem Schiff. Die Insel in der Irischen See zwischen England und Irland ist zu jener Zeit voll von internierten „feindlichen Ausländern": Männer, Frauen, ganze Familien. „Die Camps auf der Insel waren in den kleinen Städten, meist entlang der Küste gelegen, und bestanden aus abgeteilten, mit Stacheldraht umgebenen Häuserreihen und Plätzen, wo die Internierten in Hotels und Gästehäusern untergebracht waren, die in Friedenszeiten an Feriengäste vermietet wurden. ... Die Lager Hutchinson, Central Promenade in Douglas sowie Onchan, Peveril und Peel waren Männerlager; die weiblichen Internierten wurden in Port Erin und Port St. Mary untergebracht, die zusammen das Frauenlager 'Rushen' bildeten", heißt es in einem Buch über Exil und Internierung in England. Ein Thema, das in England politisch umstritten war und ist und mit dem sich mehrere Historiker beschäftigt haben. Autor Michael Seyfert merkt zu den Lagern ferner an, daß die Frauen im Gegensatz zu den Männern von den Besitzern der jeweiligen Gästehäuser beköstigt worden seien und mehr Be-

wegungsfreiheit hatten – „ was vielen, die vorher mangels adäquater Unterbringungsmöglichkeiten wochenlang in Zuchthauszellen zubringen mußten, selbstverständlich angenehmer war. Das Lager schloß fast völlig die beiden kleinen Städte ein, die man mit Stacheldraht umzäunt hatte. Die Frauen lebten mit der Manxer Bevölkerung zusammen, die mittels Passierschein natürlich Bewegungsfreiheit hatte."

Auch der Bus, der Paula Pick und ihre Schicksalsgenossinnen nach Port St. Mary bringt, hält vor einem kleinen Hotel: Weiß gedeckt die Tische, ein Gästebuch, ein Schwimmbassin ... Doch wer sich schon in der Sommerfrische wähnt, wird schnell auf den Boden der Wirklichkeit zurückgeholt. Österreicherinnen, die im Hotel interniert sind, haben in ihrer Umgebung vor den Ankömmlingen aus dem Holloway Prison gewarnt: „Schließt die Zimmer ab, die Frauen aus dem Gefängnis kommen."

In St. Mary bleiben die Frauen nicht lang. Nächste Station: Das nahe Port Erin. Wieder ein Hotel. Im ersten Stock ist das Aufsichtspersonal untergebracht, im zweiten befinden sich Krankenstuben, im dritten leben die Internierten. Das Lager wird von Polizistinnen bewacht. „Anständige Mädchen", sagt Paula Pick. Und wer sind die anderen Frauen, welche die Engländer für so gefährlich halten, daß sie diese auf die Kanal-Insel verbannen? Das seien ein paar hundert Deutsche gewesen, die in England gearbeitet hatten. Sogar Neuendettelsauer Schwestern aus dem Deutschen Krankenhaus in London seien samt Oberin unter den Internierten gewesen. Jüdinnen seien ihr dort nicht begegnet.

Im Herbst helfen die Frauen beim Kartoffelklauben, gelegentlich holen sie sich bei den Fischern von Erin Hummer und trinken Tee. „Es ging uns nicht schlecht. Wir hatten genug zu essen. Wir hatten Milch. Zählappelle wie bei den Männern gab es bei uns Frauen nicht. Hauptsache, wir waren zu den Mahlzeiten da. Das Aufsichtspersonal war anständig zu uns", urteilt Paula Pick. Um die Zeit herumzubringen, strickt sie viel; betätigt sich, wann immer es geht, im Garten des Hotels, legt Beete an, sät Salat und Gemüse aus. „Ich hab' mir dadurch geholfen, daß ich viel an der Luft war. Manche haben genörgelt. Ich füge mich, wenn etwas nicht zu ändern ist. Manche sind auch verrückt geworden. Ich habe die Gabe, abschalten zu können."

Nur ein Damoklesschwert schwebt eine Zeit lang über den Frauen. Das ist die Sorge, nach Übersee verschifft zu werden. Selbst in den Internierten und den deutschen Kriegsgefangenen wittert die Regierung in London noch eine Gefahr für den Fall einer deutschen Invasion. So werden denn zahlreiche Gefangene – männliche wie weibliche, Nationalsozialisten wie Hitler-Gegner – nach Australien und Kanada verschifft. Nicht einmal der Untergang des von einem deutschen U-Boot versenkten Transportschiffs „Arandora Star" am 2. Juli 1940 stoppt die Aktion sofort. Über 600 Menschenleben fordert diese Katastrophe, die Überlebenden werden bereits wenige Tage nach der Rettung nach Australien verbracht. Im Laufe des Jahres 1940 allerdings wird der Druck der Öffentlichkeit auf die englische Regierung doch so stark, daß diese Schritt für Schritt ihre rigorose Politik gegenüber den „feindlichen Ausländern" zurücknimmt.

Paula Pick hat Glück im Unglück: Ihr bleibt die Verschiffung erspart. Über einen Onkel kann sie auch während der gesamten Internierungszeit mit den Angehörigen in Memmingen in Verbindung bleiben. Dieser Onkel ist einmal Konsul Belgiens gewesen und nach der Pogromnacht 1938 in die Schweiz geflohen. Über den laufen die Drähte von und nach Schwaben.

Auch mit dem Verlobten wechselt Paula Pick aus der Internierungshaft Briefe. Bis zu jenem Tag 1942, an dem William Lewis stirbt. Am Tag, an dem die Ärzte ihn von einem Gehirntumor befreien wollen, wacht er nicht mehr aus dem Schlaf auf. Ein furchtbarer Schicksalsschlag, der mit einem Mal alle Lebenspläne Paula Picks für die Zeit der Freiheit zunichte macht.

Paula Pick ist nicht nur ein paar Monate lang interniert gewesen. Sie verbringt einige der besten Jahre ihres Lebens auf der Isle of Man hinter Stacheldraht. Verlorene Lebenszeit, Jahre ohne Freiheit. Bis 1944, so berichtet sie, ist sie interniert geblieben, dann kehrt sie mit Hilfe des Roten Kreuzes im Austausch gegen von den Deutschen freigegebene englische Frauen nach Bayern zurück. Die Worte, mit denen sich der Hitler-Flüchtling Paula Pick von englischen Offiziellen verabschiedet, klingen bitter und enttäuscht: „Von euch habe ich Gerechtigkeit erwartet und nicht bekommen."

Hermann und Ida Pick wohnen zu jener Zeit nicht mehr in Memmingen. Sie leben in Oberstdorf. Zuerst ist 1940 die Mutter dorthin gezogen, dann der Vater. Seit dem Pogrom 1938 befand er sich in Freiburg. Als die Cousine, die ihn aufgenommen hat, mit ihrem Kind deportiert wird, kehrt er nach Bayern zurück. Paula Pick berichtet, die Mutter habe damals den 2. Bürgermeister gefragt, ob auch ihr Mann nach Oberstdorf kommen könne. „Kommt nicht in Frage. Lassen Sie sich scheiden", habe der geantwortet. Der 1. Bürgermeister – angeblich ein frühes Mitglied von Hitlers NSDAP – habe dagegen eingewilligt: „Selbstverständlich, lassen Sie Ihren Mann kommen." Später habe dieser Bürgermeister auch verhindert, daß Paula Pick in einem kriegswichtigen Betrieb im Wald von Langenwang als Zwangsarbeiterin eingesetzt wird.

Hermann Pick war erblindet, als er nach Oberstdorf kam. Außer an Zucker leidet er an einer schweren Nierenerkrankung. In dem schönen Gebirgs-Kurort leben die Eheleute unbehelligt. Den Vermietern der Wohnung bescheinigt Paula Pick, daß sie anständige Leute gewesen seien. Die Mutter habe als Filialleiterin eines Textilgeschäfts mit Hauptsitz Sonthofen den Lebensunterhalt verdient und den Vater bis zu seinem Tod 1948 gepflegt. Er wird im Familiengrab in Stuttgart beigesetzt.

„Ich habe die Ereignisse nie wegstecken können"

Weihnachten 1956 kehren Ida und Paula Pick nach Memmingen zurück. Ins Haus Kramerstraße 12, an dem sie sehr hängen; in die frühere Wohnung. Sie nutzen die Möbel, die in der Pogromnacht demoliert und später repariert worden sind. Seit dem Tod der Mutter 1982 lebt Paula Pick ganz für sich. Begleitet von ihrem Schäferhund Bella kauft sie sehr früh am Morgen ein und geht den Memmingern möglichst aus dem Weg. Wenn sich die noch lebenden Klassenkameradinnen treffen, ist sie nur selten dabei. Sie habe die Ereignisse nie wegstecken können, sagt sie. Die Erinnerungen seien immer wiedergekommen. Erst seit neuester Zeit könne sie wieder Filme ertragen, die den Pogrom von 1938 zeigen. „Ich will hier nicht beerdigt werden. Ich will eingeäschert werden und die Urne soll in Augsburg beigesetzt werden," sagt die alte Dame. Und meint doch, sie habe nichts mitgemacht: „Andere sind im KZ gewesen, ich nicht."

Quellen:
Interview;
Dokumente;
Leibholz, Gerhard: „Die völkerrechtliche Stellung der 'Refugees' im Kriege" in „Archiv des Völkerrechts"; Tübingen, 1949;
Löwenthal, Richard: „Zur deutschen politischen Emigration in Großbritannien im Zweiten Weltkrieg" in Niedhardt, Gottfried: „Großbritannien als Gast- und Exilland für Deutsche im 19. und 20. Jahrhundert", Bochum, 1985;
Seyfert, Michael: „His Majesty's Most Loyal Internees" in „Exil in Großbritannien" (Hrsg. Gerhard Hirschfeld); Stuttgart, 1983.

Fritz Schnell aus Augsburg/Oberstdorf

Mit Pianistenhänden zur Zwangsarbeit

„Als es darum ging, das Augsburger Musikleben nach dem Krieg auch im Bereich der Städtischen Bühnen neu aufzubauen, wußte Prof. Arthur Piechler einen begabten, 'unbelasteten' Dirigenten für die erste Kapellmeisterstelle: Es war Fritz Schnell, gebürtiger Münchner, Absolvent der Akademie der Tonkunst, später Kapellmeister in Zwikkau, noch später, der hitlerischen Zeitläufe wegen, Organist im Allgäu."
Der hitlerischen Zeitläufe wegen Organist im Allgäu … ! Die sprachliche Verknappung in Thea Lethmairs Würdigung anläßlich des 70. Geburtstags des ehemaligen Augsburger Konservatoriumsdirektor ist nicht falsch. Sie vermag jedoch nicht annähernd anzudeuten, was der Dr. Fritz Schnell im Dritten Reich zu leiden hatte.
Als er noch ganz jung ist, untermalt Fritz Schnell auf dem Piano in Kinos Stummfilme. Im Sommer dirigiert er die Kurmusik im Ostseebad Kolberg: „Ich küsse Ihre Hand, Madame …" Die Musiker sind gute Bekannte. Wie er selbst kommen sie vom Stadttheater Zwickau, an dem Fritz Schnell als Di-

rigent wirkt. Hitler ist kaum an der Macht, als die Intendanz ihn auch schon auffordert, das Theater wegen seiner Abstammung zu verlassen. Noch kann er hoffen, sich weiterhin als Konzertpianist einen Namen machen zu können. Doch die so hoffnungsvoll begonnene Karriere endet 1936 abrupt: Berufsverbot, weil der – konfessionslose – Vater jüdische Eltern hat. Zusätzlicher Schicksalsschlag: Die Braut entlobt sich. Sie heiratet später einen hohen Offizier, der im Zweiten Weltkrieg fällt.

Der stellungslos gewordene Musiker zieht ins Allgäu. Vater Emil Schnell, Mitgründer der Kammgarnspinnerei und Weberei am Mühlbach in Pfersee, sowie die Mutter verbringen den Lebensabend in Oberstdorf. Sie besitzen in der Fuggerstraße des bekannten Gebirgs-Erholungsorts ein auf den Namen der Mutter eingetragenes Haus, in dem sie Zimmer vermieten. Im Dritten Reich dürfen sie nur noch jüdische Gäste aufnehmen.

In den Pogromtagen des Novembers 1938 wird Fritz Schnell verhaftet und ins Gefängnis gebracht. Die Mutter trifft dieser Schicksalsschlag so hart, daß sie einen Schlaganfall erleidet und zwei Wochen später verstirbt.

Anfang 1944 soll Emil Schnell nach Theresienstadt deportiert werden. Im Haus in Oberstdorf lebt auch eine vor den Luftangriffen aus Westdeutschland nach Oberstdorf geflüchtete Schwiegertochter. Ein Enkel schläft nachts mit im Zimmer des Opas. Am Tag vor dem Abtransport bittet Emil Schnell die Schwiegertochter, ihren Sohn in einem anderen Raum schlafen zu lassen. Emil Schnell schließt sich ein und nimmt Tabletten. Seine spätere Schwiegertochter Henny, die damals auch schon in Oberstdorf lebt, berichtet: „Als wir am nächsten Morgen im Rathaus den Tod meldeten, haben die gesagt: 'Warum haben Sie das nicht verhindert? Wir hätten ihn doch freigekriegt'. Unsere Antwort: 'Wann hätten Sie ihn denn freikriegen wollen? Er wäre doch heute schon abtransportiert worden."

Fritz Schnell legt in Oberstdorf die Hände nicht in den Schoß. Er erlernt in München das Orgelspielen und der Professor Georgii sorgt dafür, daß er als Konzertpianist nichts verlernt. Um ein wenig zu verdienen, leitet er im holländischen Jugenderholungsheim „Hohes Licht" in Oberstdorf den Jugendchor. Außerdem gibt er Klavierunterricht. Eine seiner Schülerinnen ist eine junge Lehrerin: Hendrika Cecilia de Stoppelaar, kurz Henny genannt. Sie unterrichtet die im holländischen Heim „Hohes Licht" in Oberstdorf kurenden Kinder. Ein Nachbar zeigt sie an, weil sie bei dem „Halbjuden" Klavierstunden nimmt: „Da bin ich gleich ins Rathaus gerufen worden. Man hat gesagt, daß mein Visum für den Aufenthalt in Deutschland nicht mehr verlängert würde, wenn ich das weiterhin mache."

Fritz Schnell und Henny Stoppelaar verlieben sich ineinander und verloben sich. Sie glauben, heiraten zu können, weil Henny ja Holländerin ist. Das Aufgebot ist schon ausgehängt, da

Ein vorzüglicher Dirigent und Pianist: Fritz Schnell

wird die Eheschließung verboten. Um den Heiratswunsch doch noch durchzusetzen, reisen sie nach München zum Oberlandesgericht. Sie sollen dort auch Bilder von den Vorfahren bis zum Urgroßvater und bis zur Urgroßmutter vorlegen. „Wir haben einfach Bilder von Onkeln und Tanten eingepackt und vorgezeigt," schmunzelt Frau Henny. Der Arzt, der sie untersucht und die Verhandlung führt, rät Henny, doch einen anderen deutschen Mann zu heiraten; er werde das sofort erlauben, weil die Holländer ja noch arischer als die Deutschen seien. Aber Henny Stoppelaar ist dickköpfig, sie will nur diesen einen Mann und keinen anderen: Fritz Schnell. Die Entscheidung fällt nicht in München, sondern in Berlin: Es bleibt beim Eheverbot. Fritz Schnell muß zu jener Zeit als Schreiner in Sonthofen arbeiten. Die in der Firma beantragten kurzen Hochzeitsferien sagen die Verlobten nicht ab. Sie setzen sich über das für beide geltende Verbot hinweg, Oberstdorf ohne Zustimmung der Behörden zu verlassen, und unternehmen eine Bergtour.

Im November 1944 erhält Fritz Schnell die Aufforderung, sich in Augsburg zum Abtransport in ein Arbeitslager einzufinden. Die Verlobte bringt ihn in die Bezirkshauptstadt. Den Abschied schildert sie so: „Er mußte morgens sehr früh in Augsburg sein. Wir sind am Vortag mit dem Abendzug hingefahren und haben im Wartesaal gesessen, bis man uns 'rausgesetzt hat. Der Sammelplatz war in der Nähe der Firma Bernhard Müller an der Morellstraße. Die Männer kamen hinter einen Zaun, die mitgekommenen Mütter und Frauen standen auf der anderen Seite des Zaunes. Sie haben uns dann gesagt: 'Jetzt geht es los. Seht zu, daß ihr Frauen dicht hinter uns bleibt'. Das haben wir gemacht: Vom Zaun der Firma Bernhard Müller ging es über die Gleise zum Hauptbahnhof, von den Gleisen stiegen wir auf den Bahnsteig, auf dem später der Zug einlief. Die Männer fuhren in einem ganz normalen Zug vom Hauptbahnhof ab."

Die Gruppe besteht ausschließlich aus Schwaben. Die Reise führt nach Wommen bei Eisenach. Die Aussagen, was die etwa 20 Zwangsarbeiter dort gebaut haben, gehen auseinander. Einer der damaligen Zwangsarbeiter berichtet, man habe einen Stollen gebaut, um Lebensmittel und Kleider für den zur Versorgung von Ausgebombten eingesetzten „Hilfszug Fuchs" zu lagern. Henny de Stoppelaar, heute Frau Schnell, meint dagegen, es sei um nichts anderes als um ein unterirdisches Kasino für SS-Leute gegangen, „damit die in Holland geklauten Schnaps dort unterbringen konnten." Jedem der Zwangsarbeiter fällt es schwer, Bäume zu fällen und Erde auszuheben, am meisten leidet aber gewiß Fritz Schnell, der Mann mit den feinen Pianistenhänden. Er bekommt sehr häufig starke Magenschmerzen, Frau Henny meint, daß er sich vor lauter Schrecken wahrscheinlich ein Magengeschwür zugezogen habe. Wenn er ausfällt, sitzt er in einer Scheune bei dem Aufpasser. Fritz Schnell ist so häufig nicht in der Lage, zu arbeiten, daß sein Leidensgefährte Werner Oppel aus Augsburg an die Verlobte schreibt, sie solle dringend nach Wommen kommen und Fritz Schnell zureden, damit der häufiger mitmache. Sonst bestehe die Gefahr, daß er in ein Konzentrationslager gebracht werde. Henny de Stoppelaar fährt und versucht's. Anfang Januar 1945 reißt dann jegliche Verbindung zum Verlobten ab. Bis zwei Tage nach dem Einzug der Franzosen Anfang Mai in Oberstdorf die Köchin in die Küche des Kindersheims „Hohes Licht" stürzt und ruft: „Schnell, schnell, Frau Schnell, Herr Schnell ist da." Auf einem Fahrrad hat der den weiten Weg von Wommen nach Oberstdorf zurückgelegt.

Noch im Mai 1945 wird aus Henny de Stoppelaar Frau Schnell. Das Paar heiratet beim gleichen Standesbeamten, der es einige Zeit zuvor abgewiesen hat mit den Worten: „Sie wollen doch nicht, daß ich den Kopf verliere. Das tue ich, wenn ich Ihnen die Erlaubnis gebe." Vor der Heirat muß Henny Schnell ihrem Mann noch versprechen, niemals „Dotschen" auf den Tisch zu bringen. Dotschen, das sind Rüben. In Wommen hat es die Tag für Tag gegeben, so daß er davon für den Rest seines Lebens genug hat. Als sich einige Jahre später die Tochter Elisabeth Henriette einstellt, ist das Glück des Paares vollkommen.

Neun Jahre hat Fritz Schnell seinen Beruf nicht ausüben dürfen. Mit dem Zusammenbruch des Dritten Reichs kann er endlich wieder zeigen, was für ein vorzüglicher Musiker er ist. Er baut das Städtische Orchester in Augsburg auf, wird der Motor neuen Konzert- und Opernlebens in der Fuggerstadt. Es fehlt an allen Ecken und Enden, aber mit dem neuen Schwung werden alle Schwierigkeiten gemeistert. Im Ludwigsbau, der den Krieg überstanden hat, finden bald Opernaufführungen statt, an die sich alte Augsburger bis heute gern und gut erinnern. Otto Nicolais „Die lustigen Weiber von Windsor" machen den Anfang, 275 weitere Opernaufführungen und Konzerte mit dem Dirigenten Schnell folgen. Sein künstlerischer Partner in den ersten Nachkriegsjahren ist der Theaterintendant Guido Nora. Auch er ist ein rassisch Verfolgter des Dritten Reichs.

Doch Fritz Schnell ist ein eher stiller Mensch, ein leiser, feinsinniger Musiker. Die Hektik des Theaterbetriebs entspricht nicht seinen Lebensvorstellungen. So wird er zuerst Dirigierlehrer, dann Musikgeschichtler und schließlich Direktor des Leopold-Mozart-Konservatoriums in Augsburg. Sein Amt tritt er als frischer Dr. phil. an – mit einer Arbeit über die Augsburger Meistersingerschule hat er neben all seinen beruflichen Verpflichtungen den Doktortitel erworben. Eine erstaunliche Energieleistung. Als er nach Jahren erfolgreicher Arbeit 70 wird, lobt ihn die Musikkritikerin Dr. Thea Lethmair: „Er hat die Stille, die Beschaulichkeit immer geliebt – als Mensch und als ein Musiker der lauteren, redlichen Art, den Effekthascherei und falscher Ehrgeiz nie geplagt haben." Der Dr. Fritz Schnell hat sich doch noch einen vorzüglichen Namen in der Musikwelt schaffen können – den für den Künstler schweren „hitlerischen Zeitläufen" zum Trotz.

Fritz Schnell um 1960 im Goldenen Saal in Augsburg. Der Künstler starb 1982.

Quellen:
Interview mit Frau Henny Schnell;
Briefe;
Zeitungsartikel aus „Augsburger Allgemeine";
Programme.

Helmut Lisberger aus Wallerstein

„Die seelischen Schäden sieht keiner..."

Emil Lisberger, 1886 in Wallerstein geboren, kehrt als Beinamputierter aus dem Ersten Weltkrieg zurück. Er ist zuerst im Militär-Proviantamt in Ingolstadt tätig, dann betreibt er ein Textilgeschäft. 1921 heiratet er in München Luise Walenski aus Hannover. Sie ist evangelisch. Aus Liebe zu ihrem Mann tritt sie am Tag nach der Eheschließung zum jüdischen Glauben über. Auch die drei Söhne Dietrich (Dieter genannt, geboren 1921), Harry (geboren 1924) und Helmut (geboren 1926) werden jüdisch erzogen. Um deren Los im Dritten Reich zu erleichtern, gibt Luise Lisberger 1940 den jüdischen Glauben wieder auf.

Was die Familie von 1933 – 1945 durchmachte, schreibt Luise Lisberger 1957 in einer Eidesstattlichen Erklärung nieder. Aus dieser wird nachstehend abwechselnd mit Erinnerungen des jüngsten Sohnes Helmut zitiert.

Luise Lisberger: „Als arische Frau und Mutter von vier Stern-Trägern (Ehemann und drei Söhne) hatte ich viel zu erdulden, was eigentlich schon 1933 mit dem Boykott begann. Meine Kinder hatten vielfach in der Schule zu leiden durch Schulkameraden, mein Sohn Dieter sogar durch einen Professor der Oberrealschule. Am 10. November 1938 mußten wir binnen einer Stunde Ingolstadt verlassen, wo Geschäft und Fünf-Zimmer-Wohnung zurückblieben."

Helmut Lisberger: „Die schwere Kriegsbeschädigung hat meinen Vater nicht vor Verfolgung geschützt. Der einzige Schutz, den er erlebte, bestand darin, daß am 10. November 1938 in der Früh ein stellvertretender Ortsgruppenleiter zu uns in die Wohnung gekommen ist. Der hat gesagt, die Menschen würden die Synagoge plündern und seien dabei, auch jüdische Geschäfte zu plündern, Schaufenster einzuschlagen. Es sei ihm befohlen worden, den Vater zu warnen, weil der Kriegsbeschädigter wäre. In einer Stunde müsse er die Stadt verlassen, damit ihm nichts passiere, aber sie könnten keine Garantie übernehmen. Vater und Mutter haben geantwortet, wie er sich das vorstelle, daß sie die Stadt in einer Stunde verlassen sollten. Vater hatte auch Kunden im Landkreis Ingolstadt, und so ist ihm ein Gastwirt Lautner in Weichering eingefallen. Von dieser Familie sind Vater und ich sehr nett aufgenommen worden. Wir wurden mit gutem Essen versorgt, der Wirt hat dem Vater Zigarren gebracht und uns bewirtet. Die Mutter ist noch in Ingolstadt gewesen zur Auflösung des Haushalts. Der älteste Bruder war damals auswärts in der Lehre, der mittlere war auch nicht zu Hause, als das alles geschah.

Ich erinnere mich, daß damals in Weichering eine Bauernhochzeit war. Ich bin ans Fenster gegangen, weil ich so etwas noch nie gesehen hatte. Es ist die Musik gekommen und die Braut war in einem Schubkarren drin. Der Vater hat geweint. Er hat das nicht verstehen können, daß man innerhalb einer Stunde mit der Familie vertrieben wurde."

Luise Lisberger: „Wir wurden nach München verwiesen, konnten dort aber nur ein Zimmer mit zwei Betten mieten. Erst im August 1939 bekamen wir dann zwei große Zimmer für unsere fünfköpfige Familie. Als dann die Lebensmittelkarten eingeführt wurden, erhielt auch ich bei der zweiten Ausgabe jüdische Marken und mußte die Kleiderkarte wieder abgeben."

Helmut Lisberger: „Die Wohnung in der Milchstraße 9 in Ingolstadt ist damals versiegelt worden. Die Waren aus dem Geschäft einschließlich der Wohnungseinrichtung kamen in große Kisten, die in Lagerräume der Spedition Augustin gebracht wurden. Wir konnten dahin nur mit Genehmigung des Kreisleiters, obwohl es doch unser Eigentum war. Einer von der SA ist dann mitgegangen, dabeigeblieben und hat

Helmut Lisberger etwa im Jahr 1937 und auf dem rechten Bild sein Bruder Harry

wieder zugesperrt. Später konnten wir die Möbel nach München holen. Ich bin in München in die Jüdische Schule gegangen, bis die 1942 geschlossen wurde."

Luise Lisberger: „Im Juli 1941 nahm man uns die Wohnung und verwies uns in das Judenlager Berg am Laim, wohin auch ich mitmußte als Maßnahme vom damaligen Obersturmbannführer Westermayer. Trotzdem ich mir in der Sache einen Rechtsanwalt nahm, mußte ich mit in das Lager und meinen Haushalt sowie meine Selbständigkeit aufgeben."

Helmut Lisberger: „Bonzen der Partei sind, wenn sie ausgebombt wurden oder eine schönere Wohnung haben wollten, zur Kreisleitung gegangen und haben gesagt: 'Da ist ein Jude, der in einer schönen Wohnung lebt'. Dann ist die Kreisleitung hergegangen und hat gesagt: 'Ihr müßt sofort heraus'. Weil sie nicht gewußt haben, wohin mit uns, haben sie uns nach Berg am Laim eingewiesen. Das Judenlager befand sich dort in einem Teil des Vincentinerinnen-Klosters. Zuerst waren dort nur wenige Familien, nachher hunderte Personen. Wir haben in Berg am Laim nicht zusammengewohnt. Das erste und das zweite Stockwerk waren den katholischen Schwestern weggenommen worden. Es waren viele jüdische Männer aus Mischehen dort. Die arische Frau hat außerhalb gewohnt und der Mann im Lager – und umgekehrt. Der Vater hat eine Kantine in kleinem Maßstab im Lager gehabt – Getränke und Sachen, welche die Leute mal brauchten. Die Leute durften in keinem Geschäft in Berg am Laim etwas kaufen. Das ganze Berg am Laim war für jüdische Lagerbewohner tabu."

Luise Lisberger: „Als ich nun im Judenlager war, wurde ich von meinen früheren Bekannten gemieden. Schon darum, weil mir jeder vorwarf, ich hätte nicht zulassen sollen, daß meine Kinder jüdisch wären. Aus demselben Grunde wurde ich oft verächtlich gemacht, sogar auf Amtsstellen wie Devisenstelle, Polizei Ettstraße, Gestapo, Arisierungsstelle Widenmayerstraße. Der damalige Sturmbannführer Muckler höhnte mich, wo er nur konnte. Er kam mal sonntags ins Lager, wo viele Insassen im Garten waren und teilweise Besuch hatten. Bei seinem Rundgang sagte er vor allen Leuten zu mir, es müßte mir eigentlich der Judenstern auf die Stirn gebrannt werden, damit ich zeitlebens wüßte, daß ich an dem Unglück meiner Kinder schuld sei. Auch meinen Kindern wurde oft gesagt, daß ich an allem schuld wäre."

Helmut Lisberger: „Die Mutter ist 1940 wieder ausgetreten aus dem Judentum. Sie wollte endlich einen Schlußstrich ziehen. Sie hat gesehen, was daraus alles entstanden ist – Nachteile für sie, Nachteile für die Kinder, weil wir jüdisch erzogen wurden. Wenn nur einer von uns arisch erzogen worden wäre,

Ein Dokument: Emil und Luise Lisberger mit dem Sohn Helmut im Münchner Judenlager Berg am Laim.

bloß einer, wäre die Sache anders gewesen. Aber Halbjuden waren wir für die Nazis immer. Wir hatten das J für Jude auf der Lebensmittelkarte, haben auch den gelben Stern tragen müssen. Ich trage meiner Mutter aber nichts nach, gebe ihr keine Schuld."

Luise Lisberger: „Als im November die ersten Evakuierungen erfolgen sollten, waren viele vom Lager davon betroffen und die Aufregung groß. Nachdem die Betroffenen das Lager nicht mehr verlassen durften, wurde ich von vielen gebeten, mich doch ihrer anzunehmen. Ich habe dies sofort getan, unzählige Telefonanrufe gemacht und ihnen noch Unterredungen mit ihren Anwälten sowie Bekannten verschafft, Einkäufe für sie gemacht und für den Transport Rucksäcke, Riemen, Koffer und Taschen verschafft. Was aber sehr schwierig war, da hierin schon Mangel war. Ich habe mehrere Nächte hindurch genäht und ausgebessert für diese Leute, damit sie mit dem Allernotwendigsten ausgestattet wurden. Es erfolgten noch viele Evakuierungen, wobei sich jedesmal Leute vergifteten."

Helmut Lisberger: „Anfangs hat man nicht gewußt, was eine Evakuierung, wie die Deportation verschleiernd genannt wurde, bedeutete. Als durchsickerte, was den Deportierten blühte, haben Leute meine Mutter angefleht, sie möge ihnen doch bestimmte Tabletten besorgen. Die wollten sich damit umbringen. Das hat die Mutter abgelehnt, obwohl ihr angeblich auch horrende Summen geboten worden sind. Es hat Selbstmorde gegeben, aber nicht mit Hilfe meiner Mutter. Die Nazis haben den Leuten den Magen auspumpen lassen und sie dann doch fortgebracht."

Luise Lisberger: „Im März 1942 sollten dann auch meine ältesten Söhne mit fort, bei der Evakuierung nach Piaski. Es sollten mehrere Mischlinge mit fort und hatten verschiedene Eltern sich durch Rechtsanwälte bemüht, ihre Kinder frei zu bekommen. Als die Anwälte sich nach Berlin wandten, erfuhren sie, daß Mischlinge noch gar nicht davon betroffen wären, und somit kamen sämtliche Mischlinge für den Termin nochmal frei. Die Aufregungen, die Angst und den Abschied hatten wir aber erst mitmachen müssen, da unsere Kinder bereits am zweiten Tag abgeholt wurden und in das Sammellager Milbertshofen transportiert waren."

Helmut Lisberger: „Meine Brüder waren sehr unterschiedlich. Der mittlere, Harry, war in allen Lebenslagen ein Genie. Er hat gesagt: 'Es müßte doch mit dem Deubel zugehen, wenn ich uns nicht 'rausbrächt aus Milbertshofen'. Er war überall gut angesehen, scheinbar auch bei der Gestapo. Er hat gesagt, sie seien doch Halbjuden und könnten nichts dafür; sie sollten sie doch freilassen. Die Gestapo wollte aber nur ihn freilassen. Da hat er gesagt, daß er das nicht macht. Dann bleibe er auch da, er geht nur mit seinem Bruder zusammen – und auch das hat er fertiggebracht, obwohl sicher auch eine Rolle gespielt hat, daß die Mischlinge noch nicht für den Abtransport vorgesehen waren."

Luise Lisberger: „Nach einem Jahr Aufenthalt im Lager Berg am Laim konnte ich dieses verlassen, da Obersturmführer Westermeyer als Soldat ins Feld gekommen war. Doch lebte ich dauernd in Angst, daß man mich nochmals zurückholen würde. Nun ich ein Zimmer für mich hatte in Neuhausen, die Verpflegung im Lager aber immer knapper wurde, habe ich täglich für meine Familie gekocht und habe es alle Tage ohne Ausnahme nach Berg am Laim geschleppt. Ich habe gewaschen und geflickt für meine Familie, obwohl ich wo ich wohnte ebenfalls den Haushalt versah. Als das Lager in Berg am Laim aufgelöst wurde, kam mein Mann mit den Söhnen in das Rückgebäude der Jüdischen Kultusgemeinde in der Lindwurmstraße, wohin ich dann auch täglich das Essen schleppte und ihnen ihre Wäsche und Garderobe sowie ihr Zimmer in Ordnung hielt. Mein Mann ist seit 1917 Schwerbeschädigter durch Verlust des rechten Beines und konnte nicht alles selbst verrichten. Nach zweimaliger Ausbombung durfte mein Mann zu mir, doch die Söhne mußten in den Ruinen bleiben. Ich brachte ihnen weiter täglich Essen und Wäsche und sah nach dem Nötigsten. Nach schweren Bombenangriffen bin ich jedesmal sofort zu meinen Kindern gegangen, um mich zu überzeugen, ob ihnen nichts geschehen war. Im Sommer 1944, als die vielen schweren Angriffe München trafen, lagen alle drei Söhne mit schweren Vergiftungen darnieder, jeder an einem anderen Platz, da Juden nicht in Krankenhäuser aufgenommen wurden. Auch da habe ich meine Kinder täglich besucht und nach schweren Angriffen in zwei bis drei Stunden Fußmarsch über zerstörte Straßen erst erreichen können. Oft war ich nachts elf oder zwölf Uhr noch nicht zurück und war mein Mann in Sorge, ob mir was passiert sei. Im Januar 1945 wurden mein Mann und ich in Neuhausen total ausgebombt und da wir nirgends unterkamen, mußten wir in die Ruinen des Rückgebäudes der Kultusgemeinde. Dort waren wir sieben Wochen lang zu sechs Personen in einem schmalen Raum, in welchem gekocht und gewaschen und geschlafen werden mußte."

Helmut Lisberger: „Durch die vielen Deportationen wurde die Zahl der Bewohner in Berg am Laim immer geringer, so daß das Lager aufgelöst wurde. Ich habe immer wieder ganz schlecht entlohnte Zwangsarbeitsstellen zugewiesen bekommen. Ich war Gartenarbeiter, habe in einer Spenglerei gearbeitet, in einer Batteriefabrik, in einem Installationsbetrieb …"

Luise Lisberger: „Es kam der Evakuierungsbefehl für meine drei Söhne, wovor ich schon lange gebangt hatte. Nach größten Schwierigkeiten, da man Juden nirgends wollte, bekam ich eine Wohnung, doch nun sollten die Kinder fort. Nur der älteste Sohn kam mit dem Transport fort, der zweite versteckte sich und machte uns dadurch große Sorge und Angst. Als er zum Abtransport nicht erschienen war, holte man mich nach einigen Tagen für einen Vormittag in die Gestapo und unterzog mich einem Kreuzverhör. Ich mußte dableiben, bis sie eine Garage am Kaiser-Ludwig-Platz durchsucht hatten, worin ich unsere letzten Möbel aufbewahrt hatte und man meinen Sohn versteckt glaubte. Der jüngste Sohn kam durch verkettete Umstände zu spät in den Besitz des Evakuierungsbefehls und kam mit dem

Nach der Zeit der Verfolgung: Emil und Luise Lisberger.

Transport nicht mehr mit. Doch sagte man ihm, daß er dafür beim nächsten Transport mitkäme. So wuchs meine Angst wieder, wann dieses Unheil eintreten würde."

Helmut Lisberger: „Als der Transportbefehl kam, war ich krank, ganz richtig krankgeschrieben. Ich mußte zur vertrauensärztlichen Dienststelle. Dort hieß es: 'Da müssen Sie sich bei der Gestapo melden, bei der Dienststelle, die die Transporte zusammenstellt'. Die befand sich in einer Kaserne in Schwabing. Da habe ich mich bei einem Obersturmbannführer Muckler gemeldet. Der hat gesagt: 'Da haben's aber Glück. Aber aufgeschoben ist nicht aufgehoben'. Meine Mutter hat sich natürlich gefreut, als ich gesagt habe: 'Momentan bin ich verschont'."

Luise Lisberger: „Als der Krieg dann endlich zu Ende war, hatten wir noch große Sorge, was wohl mit dem ältesten Sohn geschehen wäre, da wir außer einer Karte von der Fahrt nach Theresienstadt nie mehr von ihm hörten. Doch Ende Mai kam er fast zu Fuß von Theresienstadt zurück und schon nach acht Tagen wurde er mit hohem Fieber, Flecktyphus und Gehirnhautentzündung ins Krankenhaus gebracht. Bange Wochen folgten, bis man sah, daß er die schwere Krankheit überstehn würde. Als er heimkam und Erholung und Pflege dringend bedurfte, wurde er nach vier Wochen schwer asthmakrank und kam abermals ins Krankenhaus und hatte den Winter über schwer damit zu schaffen. Alle diese Sorgen und Aufregungen haben meine Gesundheit untergraben."

Helmut Lisberger: „Mich hat vor der Deportation nur gerettet, daß ich von Kindheit an Asthma, dann Bronchitis hatte. Sonst tät ich mit hundertprozentiger Sicherheit nicht mehr leben, weil ich die Strapazen nicht überstanden hätte. Ich war immer schon kränklich. Meine Brüder waren stabiler."

Wie sein Bruder Harry wanderte auch Dieter Lisberger nach dem Zweiten Weltkrieg in die Vereinigten Staaten aus. Dieser Schnappschuß entstand am Badestrand von Coney Island.

*

Nach dem Dritten Reich kehren die Lisbergers nach Ingolstadt zurück. Die Stadt hilft ihnen, eine Wohnung zu finden, und ist auch behilflich, als der Vater wieder ein Geschäft eröffnen will. Im ersten Laden werden Lebensmittel und Textilien verkauft, dann spezialisiert sich das Geschäft wieder auf Textilien. Jeder der drei Söhne ist eine Zeit lang mit dem Vater im Geschäft tätig. Dieter und Harry verlassen Deutschland später. Sie wandern nach Amerika aus. Insbesondere Harry ist dort sehr erfolgreich. Er bringt es zum Manager einer größeren Firma und stirbt den Managertod: Herzinfarkt. Auch Dieter ist in USA verstorben. Vater Emil Lisberger wird 1959 auf dem Münchner Jüdischen Friedhof in Freimann beigesetzt. Die Mutter findet 1973 die letzte Ruhe auf dem Friedhof in Wallerstein.

Helmut Lisberger, der jüngste Sohn, ist bei den Eltern in Deutschland geblieben. Er lebt in Wallerstein. Wegen schwerer Asthma-Anfälle hat er eine Konditorlehre immer wieder unterbrechen müssen und sie nicht zu Ende geführt. Ihm sei hier das letzte Wort gegeben: **„Die körperlichen Schäden sieht einer. Die seelischen sieht keiner."**

Quellen:
Eidesstattliche Erklärung Luise Lisbergers vom 19. 8. 1957;
Interview mit Helmut Lisberger;
Familienpapiere.

A.R. aus Nordschwaben

„Die Genehmigung der Ehe wird versagt“

Zwei junge Menschen wollen heiraten. Ihrer Eheschließung stehen die von den Nationalsozialisten erlassenen Gesetze „zum Schutz des deutschen Blutes und der deutschen Ehre“ im Wege: Die Frau ist in den Augen der Nationalsozialisten jüdischer Mischling. Um den Mann, den sie liebt, heiraten zu können, schreibt sie an die Behörden. Einige Antworten sind noch vorhanden. Sie werden auszugsweise abgedruckt, Buchstaben stehen an Stelle der Namen. Um die Anonymität der Betroffenen zu gewährleisten, entsprechen die Buchstaben auch nicht den Anfangsbuchstaben dieser Namen. Die Schreiben entscheiden über die Schicksale von zwei jungen Menschen. Der Stil der Behördenbriefe macht zugleich deutlich, wie viel damals Paragraphen galten und wie wenig die von diesen betroffenen Menschen.

7. November 1939. Regierungspräsident von Augsburg schreibt an den zuständigen Landrat:
„Die A.R. beabsichtigt R.S., zur Zeit bei der Wehrmacht, zu heiraten. A.R. ist jüdischer Mischling mit zwei volljüdischen Großeltern und bedarf sohin nach § 3 der 1. VO (Verordnung) zur Ausführung des Gesetzes zum Schutz des deutschen Blutes und der deutschen Ehre vom 14.11.1935 zur Eheschließung mit einem Staatsangehörigen deutschen Blutes der Genehmigung des Reichsministers des Innern.
Das Gesuch ist nach Ziffer 2,3 des Runderlasses vom 23. 12. 1935 – I G 4 Allg./1000, RMBliV. 1936 S. 11, erschöpfend zu behandeln. Für beide Verlobte sind Familienurkunden mit einer Abstammungstabelle beizunehmen, soweit sie nicht bereits bei den Akten liegen.“

18. Dezember 1939. Nationalsozialistische Deutsche Arbeiterpartei, Gau Schwaben, Kreisleitung, an den Bürgermeister in **:
„Die A.R. ist Halbjüdin. Besonders Nachteiliges in politischer Hinsicht ist über sie nicht bekannt geworden.
Heil Hitler“

27. Dezember 1939. Landrat an Bürgermeister:
„Zu dem Gesuch der A.R. sind noch Erhebungen über die Familiengeschichte der A.R. zu pflegen; dabei ist zu berichten, welche Berufe die Familienangehörigen bekleiden. Soviel bekannt, war ein Bruder der A.R. schon in Friedenszeit bei der Wehrmacht oder beim Arbeitsdienst und eine Schwester von ihr soll mit einem Polizeibeamten verheiratet sein. Waren die Kinder der Familie A.R. Angehörige irgendwelcher nationaler Verbände? Soweit möglich, sind diese Angaben zu belegen. War der Vater der A.R. im Weltkrieg? Für jedes der Verlobten ist ein Abstammungsnachweis beizunehmen.
Zurückgeleitet mit folgendem Berichte:

Der Vater, Großvater und 2 Brüder der A.R. sind Handwerker. Der Vater entstammt einer kinderreichen Familie (11 Kinder), von denen noch 4 leben. Der Vater ist Kriegsteilnehmer als Unteroffizier. Ein Bruder des Vaters ist im Weltkrieg als Vizefeldwebel gefallen. Ein Bruder der A.R. war 9 Monate im RAD (Reichsarbeitsdienst) und ist jetzt zur Wehrmacht eingezogen worden. Der Vater ist Mitglied der DAF [Deutsche Arbeitsfront] sowie der Kavalleriekameradschaft, die dem Reichskriegerbund angeschlossen ist. Unterlagen konnten nicht beigebracht werden, der Militärpaß des Vaters wurde bereits vorgelegt, ebenso die Abstammungstabellen mit den Urkunden. A.R. ersucht um baldigste Erledigung, nachdem sie in dem Ende Januar zu erwartenden Urlaub ihres Bräutigams heiraten möchte.

den 8. Januar 1940

Der Bürgermeister"

1. April 1940. Regierungspräsident in Augsburg an Landrat:
„Im Hinblick auf die ME. v. 29. 2. 1940 Nr. 4054 a 1, betreffend Ehegenehmigungsanträge nach § 3 der 1. VO zur Ausführung des Gesetzes zum Schutz des deutschen Blutes und der deutschen Ehre – mitgeteilt mit RE. v. 1. 3. 1940 Nr. VIII 972 – wolle der A.R. nahegelegt werden, ihr aussichtsloses Gesuch zurückzuziehen. Bei Zurücknahme des Antrags ist die RE. v. 7.11.1939 gegenstandslos."

19. Mai 1940. Landrat an Standesamt:
„zur entsprechenden Verständigung der A.R.. Falls A.R. ihr aussichtsloses Gesuch zurückzieht, sind die im Akt befindlichen Personalpapiere gegen Unterschrift auszuhändigen."

17. Juni 1940. Standesbeamter samt einem Aktenheft, 2 Geburtsurkunden und 4 Lichtbildern zum Landrat:
„in Rückvorlage mit dem Berichte, daß ich die A.R. von der Aussichtslosigkeit ihres Antrages unterrichtet habe. Dieselbe bittet um Weiterbehandlung ihres Gesuches. Ich bitte deshalb das Weitere von dort gefl. veranlassen zu wollen."

12. August 1940. Landrat an Dienststelle der Feldpostnummer von R.S.:
„A.R. beabsichtigt den R.S. zu heiraten. A.R. ist jüdischer Mischling mit 2 volljüdischen Großeltern und bedarf sohin nach §3 der 1. V.O. zur Ausführung des Gesetzes zum Schutze des deutschen Blutes und der deutschen Ehre vom 14. 11. 1935 zur Eheschließung mit einem Staatsangehörigen deutschen Blutes der Genehmigung des Reichsministers des Innern. Im Hinblick auf die Entschließung des Staatsministeriums des Innern vom 29. II. 1940 Nr. 4054 a 1 ersuche ich hinsichtlich des Unteroffiziers R.S. um Stellungnahme, ob er Ehegenehmigung mit A.R. beantragt."

9. September 1940. Landrat an Regierungspräsidenten in Augsburg:
„... wurde der A.R. nahegelegt, ihr Gesuch um Ehegenehmigung nach § 3 der 1. V.O. zur Ausführung des Gesetzes zum Schutz des deutschen Blutes

und der deutschen Ehre zurückzunehmen. A.R. hat ihr Gesuch nicht zurückgenommen; sie bittet um Weiterbehandlung ihres Antrags.
Durch Zeugnisse der früheren Arbeitgeber sind der Gesuchstellerin gute charakterliche Eigenschaften nachgewiesen. Auch für den Bräutigam liegt eine Bestätigung vom Truppenarzt vom 5.VIII.1939 vor, daß er körperlich und charakterlich einwandfrei ist.
Der Vater der A.R. ist Teilnehmer des Weltkrieges. R.S. ist seit November 1937 eingerückt. Seine Dienststelle hat am 28.8.1940 auf Anfrage mitgeteilt, daß die Abteilung gegen die Eheschließung nichts einzuwenden hat, da R.S. nicht Berufssoldat ist.
Über die politische Zuverlässigkeit der A.R. liegt eine Bestätigung des Kreisleiters der NSDAP vor.
Über die rassischen Eigenschaften und über die rassischen Merkmale der Gesuchstellerin wurden Feststellungen nicht getroffen, da der Leiter des staatlichen Gesundheitsamtes von einer Untersuchung im Hinblick auf die Min. Entschl. v. 29. II. 1940 Nr. 4054 a 1 – mitgeteilt durch R.E. v. 1. III. 1940 Nr. VIII 972 – abgesehen hat.
Das Aufgebot ist noch nicht erlassen. Abstammungsnachweise für A.R. und R.S. liegen bei."

22. Februar 1941. Staatsministerium des Innern in München an Regierungspräsidenten in Augsburg:
„Der Herr Reichsminister des Innern hat durch Erlaß vom 3. Februar 1941 Nr. I d W 73 II/40 dem jüdischen Mischling ersten Grades A.R. die auf Grund des § 3 der Ersten Verordnung zur Ausführung des Gesetzes zum Schutze des deutschen Blutes und der deutschen Ehre vom 14. November 1935 erbetene Genehmigung zur Eheschließung mit dem deutschblütigen Staatsangehörigen R.S. im Einvernehmen mit dem Stellvertreter des Führers versagt. Die Antragstellerin ist von der Ablehnung des Antrages mit dem Hinzufügen zu benachrichtigen, daß die Entscheidung endgültig ist."

*

Der Verlobte R.S. der A.R. ist nicht aus dem Zweiten Weltkrieg zurückgekehrt. Er ist gefallen.

*** *aus Mittelschwaben*

„Die Sonne schien nicht mehr bei uns"

*** hat einen jüdischen Vater. Die Mutter ist evangelisch. Er besucht in einer mittelschwäbischen Kreisstadt das Gymnasium. 1940 macht er das Abitur. Den Wunsch, Ingenieur zu werden, kann er sich erst nach dem Zusammenbruch des Dritten Reichs erfüllen, als Halbjude darf er nicht studieren. Weil er verdächtigt wird, einem untergetauchten jüdischen Freund geholfen zu haben, der sich der Deportation entziehen will, wird er von der Gestapo verhört und drei Wochen lang im Polizeigefängnis Donauwörth eingesperrt. Im Herbst 1944 kommt er in das Zwangsarbeitslager Wommen bei Eisenach. Der jüdische Vater überlebt die Deportation nicht. *** wohnt heute nicht mehr in Schwaben, besucht seinen Geburtsort jedoch mehrfach im Jahr. Da dort nicht jeder von seiner jüdischen Abstammung weiß, möchte er seinen Namen nicht genannt haben.

Frage: Sind Sie jüdisch oder evangelisch erzogen worden?
Antwort: „Ich bin christlich erzogen worden. Wenn Hitler nicht gekommen wäre, hätte ich wahrscheinlich nie erfahren, daß der Vater jüdischen Glaubens war. Aufgeklärt worden bin ich durch Schulkameraden. Das war 1934 oder 1935. Ich habe in der Mannschaft von Buben, die nicht der Hitlerjugend angehörten, gegen eine Mannschaft von Hitlerjungen Fußball gespielt. Anschließend hat ein Turnlehrer meines Gymnasiums den Hitlerjungen vorgeworfen, daß sie mich in der gegnerischen Mannschaft akzeptiert hätten. Am nächsten Tag erzählte mir ein Schulkamerad davon und sagte, daß ich ja nicht arisch sei. 'Das ist doch Quatsch', habe ich geantwortet, 'ich zeig dir morgen das Neue Testament, das ich bei der Konfirmation erhalten habe'."

Frage: Wußten Sie überhaupt, was arisch war?
Antwort: „Nicht so direkt. Deshalb hab' ich ja auch geantwortet, daß ich doch evangelisch wäre, und am nächsten Tag tatsächlich das Neue Testament von der Konfirmation mit in die Schule genommen. Der Klassenkamerad wußte das alles besser. Er antwortete: 'Das kann schon sein, daß du evangelisch bist, aber deine Vorfahren nicht'."

Frage: Wie hat die Aufklärung durch die Schulkameraden auf Sie gewirkt?

Antwort: „Schrecklich. Ich war zu Hause das einzige Kind, wohlbehütet und hatte keine Ahnung von den Dingen. Vater hatte nie vom jüdischen Glauben gesprochen."

Frage: Haben Sie den Eltern vorgeworfen, Ihnen die jüdische Abstammung verschwiegen zu haben?

Antwort: „Nein. Ich habe das hingenommen. Es war so alles so schlimm: Der Vater verlor die Existenz; dann bekamen die Eltern ein Schreiben, daß ich als Halbjude nicht mehr am Gymnasium lernen dürfte. Die Mutter ist hingegangen und hat die Sache regeln können, so daß ich weiterlernen durfte. 1938 die Kristallnacht, dann ist Vater Hals über Kopf weggefahren – also die Sonne hat nicht mehr geschienen in unserem Haus."

Frage: „Mischlinge waren ab 1935 eine verlassene, hilflose, von niemandem unterstützte Randgruppe der Gesellschaft, getriebene Wanderer zwischen zwei Welten", hieß es einmal in einer Veröffentlichung. Hat Sie auch bedrückt, daß Sie plötzlich als Mischling galten?

Antwort: „Sicherlich. Das fing damit an, daß mich eine Anzahl der Klassenkameraden, vorsichtig ausgedrückt, gemieden hat. Keine bösen Aggressionen oder Attacken, sie sind halt nicht mehr mit mir gegangen, haben mit mir nicht mehr Fußball gespielt. Im gleichen Haus wie wir wohnte ein sehr lieber, netter Freund. Wenn wir in die Schule gingen, dann lief der fünf Meter voraus. Er ging nicht mehr mit mir, weil er von meiner nichtarischen Abstammung wußte, und weil sein Vater Folgen befürchtete, wenn sich der Sohn mit mir sehen ließe. Wir begegnen uns heute gelegentlich. Ich habe ihm das verziehen. Aber so etwas berührt ein Kind. Das hat geschmerzt."

Frage: Gab es denn niemanden, der sich anders verhielt?
Antwort: „Doch, es gab einen Schulkameraden, der sich nicht abbringen ließ. Nachmittags, wenn er zu mir kommen wollte, ist er über den Gartenzaun gestiegen. Vorn durch den Eingang hat er sich aber nicht getraut."

Frage: Warum blieb dieser junge Mann Ihr Freund?
Antwort: „Er war ein überzeugter Katholik, hatte eine intensive Beziehung zu einem Kaplan. Ich kann mir denken, daß dieser Einfluß auf ihn hatte. Die Freundschaft hat gehalten. Das hat es auch gegeben. Es war aber eine Ausnahme."

Frage: Haben Sie Vorgänge erlebt, durch die Sie sich erniedrigt fühlten?
Antwort: „Sicherlich. Im Schulunterricht am Samstag wurde über politische Dinge, über Wehrertüchtigung und so etwas, gesprochen. Zwei Stunden lang. Da wollte man mich nicht sehen. Das war peinlich, wenn ich dann allein wieder in die Klasse kam. Dieser Art gab es viele Dinge. Wenn ich heute sage, daß ich eine schwere Jugend gehabt habe, dann meine ich das damit. Es ist hart, jahrelang einen Freund zu haben, der plötzlich fünf Meter voraus geht; und sie haben nicht den Mut, zu sagen: 'Wart doch, ich komm mit'. Das steckt ein junger Mensch nicht so leicht weg."

Frage: Sind Sie noch für's Militär gemustert worden?
Antwort: „Vaters ganzer Stolz wäre es gewesen, wenn ich zum Militär gekommen wäre. Das hatte keinen politischen Hintergrund – etwa den Gedanken: Wenn mein Sohn beim Militär ist, geht es mir vielleicht weniger schlecht. Mein verfolgter Vater hatte natürlich auch keine Sympathien für die Nazis. Er war Offizier im Ersten Weltkrieg gewesen. Er hat deutsch gefühlt, immer noch, und deshalb hätte es ihn gefreut, wenn sein Sohn beim Militär gewesen wäre. Deshalb habe ich mich freiwillig gemeldet. Ich kam zum Arbeitsdienst für drei Monate. Als ich zurückkehrte, mußte ich den Wehrpaß einschicken und erhielt die Mitteilung, daß ich für den Wehrdienst nicht geeignet bin. Mit roter Tinte stand da Nzv – also Nicht zu verwenden. Auch das hat mich getroffen, aber ich muß doch sagen, daß

ich nicht mit heller Begeisterung Soldat geworden wäre. Es war dem Vater zuliebe."

Frage: Sie haben einen jüdischen Vater, eine christliche Mutter. Fragen Sie sich gelegentlich, wohin sie religiös gehören, zu den Juden oder den Christen?
Antwort: „Nicht zu den Juden. Über den jüdischen Glauben ist zuhause nie geredet worden. Ich bin nicht sehr religiös erzogen worden, auch wenn die Mutter jeden Sonntag in die evangelische Kirche ging. Gelegentlich hat sie gesagt, ich solle mitkommen. Es kam auch vor, daß der Vater mit in die Kirche ging. Ich kam mir immer vor, als ob ich mit einem blauen Auge davongekommen bin. Ich habe ja einige Zeit in Dresden gelebt. Dort hatte ich einen jüdischen Freund und dessen Schwester war meine Freundin. Sie trugen den gelben Stern. Ich selbst hatte das Glück, keinen Stern tragen zu müssen."

Frage: Verfolgen die Geschehnisse von damals Sie noch?
Antwort: „Sehr stark. Da bei älteren Menschen das Langzeitgedächtnis besser funktioniert als die Erinnerung an Geschehnisse von vorgestern, weiß ich die unangenehmen Dinge noch sehr gut und denke oft daran. Außer mit meiner Frau rede ich mit niemandem darüber. Da kommt dann schon mal hoch, was so schrecklich war: Meine Verhöre bei der Gestapo zum Beispiel. Aber Alpträume habe ich nicht. Nachts denke ich nicht daran, tagsüber."

Frage: Sie haben ungeheure Intoleranz erlebt. Welche Wirkung hat die gehabt?
Antwort: „Ich bin sehr verschlossen geworden, bin sehr vorsichtig mit fremden Menschen. Ich habe mich zurückgezogen und vielleicht auch Menschen gemieden. Das hängt mir noch von früher am Hals."

Frage: Und wenn es um politische Entwicklungen geht?
Antwort: „Nein, gewisse Gegenwartsentwicklungen lehne ich ab und stehe ihnen nicht toleranter gegenüber."

Als Jude geboren und katholisch geworden

Richard Liebermann aus Neu-Ulm

„Dieser Mensch, welches Erlebnis!"

„Wenn meine Unkenntnis in Malerei mir jedes Urteil verbietet, so bleibt doch eine Sache gewiß: der Mensch Liebermann selbst war ein Meisterwerk, die Frucht des Willens und der Beharrlichkeit". Worte über einen Neu-Ulmer, die in einem in Frankreich erschienenen Buch zu finden sind. Die braunen Barbaren hatten auch mit einem so ungewöhnlichen Menschen kein Mitleid. Obwohl er behindert war. Taubstumm.

Von Richard Liebermann ist die Rede, 1900 in Neu-Ulm geboren. Der Vater, Heinrich Liebermann, stammte aus Ichenhausen. Er handelte mit Hopfen, war aber schon vor der Hitler-Zeit offensichtlich kein erfolgreicher Geschäftsmann. Es ging der Familie finanziell nicht gut, Schweizer Verwandte der Frau Hedwig Liebermann geborene Wieler unterstützten sie zwischen 1932 und 1939 mehrfach mit Darlehen. Die Eheleute hatten vier Kinder:

– Paul, geboren 1899 in Neu-Ulm;

– Hans, geboren 1903 in Neu-Ulm, der wie Paul nach Schulzeit und Ausbildung kaufmänischer Angestellter in einem Berliner Warenhaus war;

– Richard, geboren 1900 in Neu-Ulm;

– Gertrud, geboren 1902 in Neu-Ulm. Sie erlernte keinen Beruf. „Die Mutter war kränklich. Trude mußte in der Familie alles machen", erinnert sich Robert Wieler, ein Verwandter. 1935 verließen die Liebermanns Neu-Ulm – gewiß vor allem unter dem Druck der braunen Verfolger. Sie verzogen nach Konstanz, Geburtsort von Mutter Hedwig, nahe bei der Verwandtschaft, nahe an der Schweizer Grenze. Man konnte ja nicht wissen ...

Richard Liebermann, der zweitgeborene Sohn, war taubstumm. Er muß willensstark gewesen sein. Trotz der Behinderung studierte er von 1928 bis 1930 an der Akademie der Bildenden Künste in München. Er machte durch Gemälde und Zeichnungen auf sein Talent aufmerksam. Und der Behinderung zum Trotz wirkte er einige Zeit sogar als Kunsterzieher am berühmt gewordenen Jüdischen Landschulheim in Herrlingen bei Ulm.

Wie das? Kann denn ein Taubstummer „normale" Schüler und Schülerinnen unterrichten? Richard Liebermann konnte es. Die entscheidende Voraussetzung hatten seine Eltern geschaffen, als sie ihn als Kind in eine Einrichtung gegeben hatten, in der er lesen und – wenn auch schwer verständlich – sprechen lernte. Was andere sagten, las er von deren Lippen ab. Er selbst habe sich mit einer Kehlkopfstimme verständlich gemacht, berichten Menschen, die ihm begegnet sind. In ganz schwierigen Fällen teilte er sich schriftlich mit. Außerdem gab es die Schwester Trude. Über Jahrzehnte hat sie den behinderten Bruder umsorgt, versorgt, mit rührender schwesterlicher Liebe durch's Leben begleitet.

Zweimal Richard Liebermann: in den frühen Künstlerjahren (linkes Foto) und auf dem Paßbild von 1938

Wann genau Richard Liebermann in Herrlingen unterrichtet hat, ist nicht feststellbar. Es ist während des Dritten Reichs gewesen. Rachel Galay in Israel erinnert sich, wie der Künstler zum Kunsterzieher wurde. Ihr Vater Hugo Rosenthal habe Liebermann, der am Bodenseeufer seine Staffelei aufgebaut hatte, angesprochen. Der Vater, Gründer und Leiter des Jüdischen Landschulheims, habe den Maler am Schluß der Unterhaltung für ein Wochenende nach Herrlingen eingeladen. Daraus habe sich die Lehrtätigkeit Liebermanns entwickelt. „Er hat ein Zimmer bekommen und das ganze Leben des Heims miterlebt", berichtet Rachel Galay. Einmal sei der taubstumme Lehrer auch bei einem Fahrradausflug in die Nähe von Blaubeuren mit von der Partie gewesen. Vater Rosenthal habe dort für Freizeiten der Schüler und Schülerinnen ein unbewohntes Pfarrhaus gemietet gehabt.

Liebermann scheint trotz der Behinderung sogar ein vorzüglicher Lehrer gewesen zu sein. „Die meisten Kinder lieben eigentlich den Zeichenunterricht nicht. Aber in seine Schulstunden sind alle gern gegangen. Alle haben ihn sehr gemocht", erinnert Rachel Galay sich. Sie bezeugt auch, daß der Künstler, obwohl doch taubstumm, Musik sehr geliebt und genossen habe. „Meine Mutter war Pianistin. Wenn sie spielte, rückte er seinen Stuhl in eine Nische beim Klavier. Er war in der Lage, die Schwingungen der Musik körperlich aufzunehmen". Stundenlang habe er so zuhören können. Eine Neu-Ulmerin,

die Richard Liebermann gekannt hat, fügt dem hinzu: „Wenn er Musik hörte, blühte er auf".
Die Beliebtheit des Kunsterziehers Liebermann rühmt auch Esther Bejarano, Tochter von Rudolf Loewy. Der kam 1936 – mit Wohnsitz in Neu-Ulm – als Kantor und Leiter der jüdischen Schule nach Ulm. Die Herrlinger Liebermann-Schülerin in ihren Lebenserinnerungen: „Ich wurde etwas außerhalb Ulms in das jüdische Landschulheim Herrlingen eingeschult, das eine sehr fortschrittliche Einrichtung war. Wir durften alle Lehrerinnen und Lehrer mit Vornamen ansprechen. Auf künstlerische und sportliche Ausbildung wurde viel Wert gelegt. Außerdem wurden viele Fremdsprachen unterrichtet, weil zu Recht angenommen wurde, daß dies vielen von uns bei späteren Auswanderungen von Nutzen sein würde. In Herrlingen bekam ich Musikunterricht von Judith Rosenthal, die die Frau des Schulleiters Hugo Rosenthal war. Zeichenunterricht erteilte der junge Richard Liebermann. Obwohl Richard taubstumm war, verstand er es, uns auf spannende Weise in die Welt der Malerei einzuführen". Dies noch: Esther Bejarano hat Auschwitz überlebt. Ihre Eltern sind in Riga umgebracht worden – obwohl der Vater nach nationalsozialistischer Definition Halbjude war. Er hätte sich, schreibt die Tochter, vor der Deportation retten können, wenn er sich von seiner Frau hätte scheiden lassen. „Ich habe viele schöne Jahre mit meiner Frau verlebt. Soll ich sie etwa allein ins Unglück gehen lassen?" soll Rudolf Loewy geantwortet haben.
Richard Liebermanns Lebensabschnitt am Jüdischen Landschulheim ist auch aus anderem Grunde bemerkenswert. War Liebermann doch bereits in den zwanziger Jahren in München durch die Bekanntschaft mit Ordensschwestern vom jüdischen zum katholischen Glauben übergetreten (und unter seinem Einfluß später auch die Geschwister). Für die Nationalsozialisten zählte die Taufe nicht. Für sie war er ein Jude. So liegt denn geradezu Logik darin, daß Katholik Liebermann sich im Dritten Reich mit der Tätigkeit in Herrlingen der jüdischen Welt wieder näherte. Daß Hugo Rosenthal ihn dorthin berief, spricht aber auch für diese Schule: Sie erzog zu bewußtem Judesein und bereitete ihre Schülerinnen und Schüler darauf vor, daß sie Deutschland wohl verlassen müßten. Zugleich zählten europäischer Humanismus und gelebte Toleranz zu ihren Idealen.
Ja, Herrlingen, das war eine beispielgebende Schule. Zuerst durch die Persönlichkeit Anna Essingers. Sie hatte 1926 dort ein Landschulheim gegründet, daß trotz der jüdischen Herkunft seiner Leiterin und trotz einer Anzahl jüdischer Schüler Kinder aller Konfessionen aufgenommen hatte. Weil „Deutschland nicht länger der Ort ist, an dem Kinder in Ehrlichkeit und Freiheit aufwachsen können", verlegte Anna Essinger ihr reformpädagogisches Institut 1933 nach England; als Neu-Herrlingen, später Bunce Court genannt, entstand es dort neu. Alt-

Herrlingen blieb – nun als Jüdisches Landschulheim unter Hugo Rosenthal – dennoch ein pädagogisch beispielhaftes Schulheim, bis die Nationalsozialisten diesem Erziehungswerk 1939 ein Ende bereiteten. Viele Lehrer, Lehrerinnen, Schüler, Schülerinnen begegneten sich später in anderen Ländern als Emigranten wieder.
Die geistige Atmosphäre Herrlingens, sie muß für Liebermann wie ein Licht in der Finsternis gewesen sein. Hatte doch Hitlers Machtergreifung seiner künstlerischen Entwicklung abrupt ein Ende gesetzt. Er war ohne Zweifel ein hochbegabter Maler. Weder sein weltberühmter, aber nicht verwandter Namensvetter und Berufskollege Max Liebermann noch der große Physiker Albert Einstein hätten ihm sonst Modell gesessen. Und unter fünf Porträtkünstlern, welche die Zeitschrift „Der Welt-Spiegel" am 24. Januar 1932 herausstellte, findet sich an oberster und erster Stelle der Neu-Ulmer. „Heute setzen sich die Künstler das Ziel, die Modelle, die sie unter den Prominenten finden, so zu porträtieren, wie sie sie sehen. Und glückt es ihnen, das Seelische im Kopf zu fassen, kommen schon Arbeiten zustande, wie wir sie hier im Bilde vorführen. Richard Liebermann, dem Albert Einstein 'saß', ist ein junger Maler aus Neu-Ulm", heißt es in der Illustrierten unter dem Bildnis Einsteins. Und in der Tat: Menschen zu malen und zu zeichnen scheint die größte Begabung dieses Künstlers gewesen zu sein.

Selbstbildnis des jungen Richard Liebermann vor dem Bildnis des großen Kollegen Max Liebermann

Bis Ende 1933 hat Liebermann noch ausstellen dürfen. Ebenso wie der jüdische Ulmer Maler Leo Kahn war er im September 1933 in der Ausstellung des Württembergischen Kunstvereins in Stuttgart vertreten, im Dezember in der Ulmer Gilde-Jahresschau. Dann gehörte er zu den Künstlern, von deren Werken das Dritte Reich die Museen „säubern" ließ: unter Berufung auf das sogenannte „gesunde Volksempfinden" und die angebliche „Zersetzung der deutschen Kunst" durch jüdische Maler, Bildhauer, Komponisten, Literaten.
Richard Liebermann hat auf seine Art gegen die Verfemung protestiert: Mit

seinem Ölbild „Der Zeitungsleser". Das „Ulmer Tagblatt" auf diesem Gemälde ist mit der Schlagzeile „Der nationale Aufbruch" aufgemacht, in der Unterzeile finden sich die Worte „Heil Deutschland". Sie dürfen gewiß als Kritik des Künstlers an der politischen Weltenwende verstanden werden, die mit Hitlers Machtergreifung am 30. Januar 1933 begann, zum Glück aber nicht ein von den Nationalsozialisten prophezeites tausendjähriges Reich einleitete.

„Der Zeitungsleser" des Jahres 1933 ist Richard Liebermanns bedeutendstes Werk. Der Ulmer Zeitungsverleger Eberhard Ebner hat es vor einiger Zeit aus Holland nach Ulm zurückgeholt. Die frühere Besitzerin hatte das Bild einem Emigranten abgekauft, der es für ein Werk Max Liebermanns hielt. Die beiden sind häufig miteinander verwechselt worden.

Selbst Paßbilder, so klein sie sind, können Geschichte verdeutlichen. Eines, vermutlich in den zwanziger Jahren aufgenommen, zeigt den Künstler als gut aussehenden jungen Mann. Der Richard Israel Liebermann des Jahres 1938 sieht auf dem Foto im Ausweis mit dem stigmatisierenden J (für Jude) ganz anders aus: Leidensdruck hat Spuren in sein Gesicht geschrieben. Eine Ulmerin erinnert sich denn auch, daß 1935 ein Bekannter ihren Vater gefragt habe, ob er keinen Auftrag für Liebermann habe. Dem gehe es schlecht. Sie weiß auch, daß der Künstler beim Malen ihrer Großmutter ohnmächtig wurde – wahrscheinlich vor Hunger. Das unter diesen Umständen entstandene Ölbild „Porträt der Wilhelmine Mayer im Alter" unterstreicht dennoch Liebermanns großes Talent. Zugleich beweist es, daß es in jenen dunklen Jahren auch Menschen gegeben hat, die den verbannten Künstlern zu helfen versuchten.

Juni 1940. Deutschland und das besiegte Frankreich schließen ein Waffenstillstandsabkommen. Darin wird festgelegt, daß die im Elsaß und in Lothringen lebenden Juden mit französischer Staatsbürgerschaft in den (bis 1942) von deutschen Truppen nicht besetzten Teil Frankreichs abgeschoben werden. Die für Elsaß und Lothringen ebenfalls zuständigen nationalsozialistischen Gauleiter Wagner und Bürkel nutzen die Gelegenheit, auch ihre Gaue Baden und Saarpfalz „judenfrei" zu machen. 6 500 Juden werden so im Oktober 1940 in das Lager Gurs deportiert. In einem Transport, der Konstanz am 22. Oktober 1940 verläßt: Vater Heinrich Liebermann sowie die Geschwister Gertrud, Paul, Richard Liebermann.

Mutter Hedwig und Sohn Hans bleiben in Konstanz. Sie sind sehr krank, nicht transportfähig. Nachdem das Städtische Krankenhaus sie entlassen hat, werden sie in das Jüdische Gemeindehaus eingewiesen. Dort wohnen die wenigen Juden, die ebenfalls wegen ihres Gesundheitszustands nicht am 22. Oktober deportiert werden konnten. „Liebe beste Rosel, ich habe die Adresse meiner Schwester Mariele Moos nicht bei mir. Schreibe Du ihr sofort, sie sollen uns anfordern, dann

„Der Zeitungsleser" von 1933, Liebermanns berühmtestes Bild – und auch ein politischer Protest

können wir mit den Lieben zusammen sein ... In Liebe, Eure Hedwig", schreibt Mutter Liebermann einer Verwandten. Doch der Wunsch, lieber ins fremde Gurs zu den übrigen Familienmitgliedern gebracht zu werden als ohne diese im heimatlichen Konstanz zu sein, bleibt unerfüllt. Am 4. Februar 1941 teilt die Oberin aus Konstanz den Verwandten im Schweizer Kreuzlingen mit, daß Mutter und Sohn „auf Anordnung" nach Heppenheim an der Bergstraße verlegt worden sind: „Wir hatten heute von Herrn Hans L. eine Karte, daß die Reise gut verlief. Wir bemühen uns, Ihre Lieben recht bald in eine jüdische Anstalt zu bringen und werden Sie über den Erfolg orientieren. Herr Rabb. Dr. Levi, Mainz, Kaiserstraße 21, hat es übernommen, sich dort unserer Patienten anzunehmen. Herr Hans L. hat sich stets und besonders bei der Abreise sehr bewährt, er war ruhig und umsichtig und nur erfüllt von Sorge um seine Mutter".

Vom Rabbiner Levi ist ebenfalls ein Brief erhalten. Unter dem Datum 21. Februar 1941 antwortet er nach Kreuzlingen: „Wir haben sofort Erkundigungen eingezogen und alles Nötige veranlaßt; der Transport der Kranken ist aber nicht in Heppenheim geblieben. Wohin er gegangen ist, wissen wir nicht. Vielleicht kann Ihnen die Gemeinnützige Krankentransport GmbH, Berlin W9, Potsdamerplatz Nr. 9 die gewünschte Auskunft erteilen".

Heute ist es kein Geheimnis mehr, was es damals mit der Krankentransport G.m.b.H. auf sich hatte. Sie war alles andere als gemeinnützig. Verbarg sich doch hinter diesem Namen die Organisation, die Zehntausende von – meist geistig – Kranken dorthin gebracht hat, wo Hitlers Helfershelfer diese für lebensunwert erachteten Menschen umgebracht haben. Auch Hedwig und Hans Liebermann sind Opfer der Euthanasie geworden. Die Mutter in Hadamar (Hessen), der Sohn im polnischen Cholm bei Lublin.

Auch mit dem Namen des Lagers Gurs am Fuß der Pyrenäen verbinden sich Tod und Qualen. Dessen Holzbaracken waren ursprünglich aufgestellt worden, um für kurze Zeit besiegte und über die Grenze geflohene republikanische Soldaten aus dem Spanischen Bürgerkrieg aufzunehmen. Die Wände waren zu dünn und zu provisorisch, um die ab 1940 internierten Juden ausreichend vor der Kälte zu schützen; bei starken Regenfällen versanken die Menschen bis zu den Knöcheln in Dreck und Schlamm; die Latrinen waren in so katastrophalem Zustand, daß viele Menschen ihre Notdurft in den Baracken verrichteten. „Es gibt Verdammte nur in Gurs" heißt ein Buch. Ein Titel, welcher der Wahrheit entspricht. 28 000 Menschen befanden sich im Herbst 1941 in dem – französisch verwalteten – Lager. Von den 6 500 Juden aus Baden, Saarpfalz und Elsaß überlebte ein Viertel diese katastrophalen Zustände nicht. Ein Teil konnte aus Gurs fliehen und ein rettendes Land erreichen. Die Mehrzahl wurde deportiert und umgebracht: teils in Auschwitz, teils in Majdanek.

In dieses elendige Lager also wurden Heinrich, Paul, Richard und Gertrud Liebermann verschleppt. Hanna Meyer-Moses, die aus Karlsruhe stammt, hat einige Zeit in der gleichen Frauen-Unterkunft wie Gertrud Liebermann gelebt. Die sei zur Vizechefin ihrer Frauen-Baracke ernannt und von Zeit zu Zeit von Bruder Richard besucht worden, berichtet sie. Er habe stets einen Schlapphut getragen und einen Schal um den Hals geschlungen gehabt. Hanna Meyer-Moses: „Nach kurzer Zeit bat er durch die Vermittlung seiner Schwester meine Mutter um die Erlaubnis, mich zeichnen zu dürfen; und in der Folge saß ich dann bei gutem Wetter vor der Barackentüre auf einer Holzkiste und Herr Liebermann zeichnete mich ab. Seine Schwester dolmetschte, wenn ich mich in der Haltung verändern sollte." Der berüchtigte Pyrenäen-Regen, der das Lager in eine Schlammwüste verwandelte, beendete die Sitzungen. Hanna Meyer-Moses verlor Liebermann, später auch dessen Schwester, aus den Augen.

Die Schweizer Verwandten haben versucht, den Liebermanns das Überleben zu erleichtern. Sie schickten Pakete nach Gurs, die in Portugals Hauptstadt Lissabon verpackt und versandt wurden. Inhalt: wichtige Lebensmittel, Schokolade. Die Wielers überwiesen auch Geld, nicht über Banken, sondern von Privatkonto (in der Schweiz) zu Privatkonto (in Frankreich). Das sei möglich gewesen, sagt Robert Wieler. Er geht davon aus, daß auch Geld im Spiele war, als Heinrich Liebermann und seine drei Kinder am 27. Februar 1941 aus Gurs in das für Alte und Kranke bestimmte Spitallager Noé verlegt wurden. Vater Liebermann verstarb dort 1942. Die drei Geschwister wurden in Noé bis zum 20. August 1943 festgehalten, zwei Tage später kamen sie in St. Rambert-St. Just (Loire) an und tauchten für die restliche Kriegszeit in einem von Nonnen geführten Heim unter. Ob auch die Freiheit mit Geld erkauft wurde? Oder erklärt eine Erkrankung Paul Liebermanns den ungewöhnlichen Vorgang der Entlassung deutscher Juden? Die Frage muß offen bleiben. Sicher ist, daß die Verwandtschaft die Liebermanns über Deckadressen auch im Loire-Departement bis 1946 mit Geld und Paketen versorgt hat. Unter dem 31. August 1946 ist in den bis heute vorhandenen Unterlagen auch notiert: „Malkasten für Richard".

Die Leidenschaft, Menschen und Situationen in Bildern festzuhalten, hat Richard Liebermann auch in den dunkelsten Lebenssituationen nicht verlassen. Zahlreiche Werke aus den Jahren in Frankreich sind erhalten: Skizzen, die mit einfachsten Mitteln in Gurs und Noé, teils auf Notizblättern, entstanden; mit Wasserfarben gemalte Bilder und schöne, aus Aluminiumfolien und Silberpapier gefertigte Collagen aus den Jahren an der Loire. Keines dieser Bilder indes läßt auch nur annähernd den Richard Liebermann des „Zeitungsleser" und der „Wilhelmine Mayer im Alter" erkennen. Der Künstler hat die Lager Gurs und Noé überlebt,

In Noé malte Richard Liebermann mit einfachsten Mitteln dieses Bild von Christus am Kreuz. Im Hintergrund das Lager.

aber sein Talent scheint von den braunen Verfolgern und deren französischen Helfern zertreten worden zu sein.

Richard Liebermann kehrte nicht mehr nach Deutschland zurück. Am 10. Dezember 1966 verstarb er. In St. Rambert-St. Just fand er – wie acht Jahre zuvor schon Bruder Paul – die letzte Ruhe.

Allein zurückgeblieben, verlegte Schwester Trude im Alter von etwa 70 Jahren ihren Wohnsitz nach Konstanz. Robert Wieler, der sie die intelligenteste der Liebermann-Geschwister nennt: „Sie war in Neu-Ulm ein braves Mädchen gewesen, möglicherweise vom – cholerischen – Vater unterdrückt." Bei der Rückkehr aus Frankreich sei sie ihm wie jenseits von Gut und Böse erschienen: Von Kopf bis Fuß (schwarze Wollsocken) schwarz gekleidet. Doch im Konstanzer Altersheim Talgarten sei eine Verwandlung mit ihr vorgegangen. Sie habe sich für Politik, für's Theater interessiert, sich täglich auf die Zeitung „Südkurier" gestürzt, im Fernsehen Übertragungen von Olympischen Spielen und Tennisturnieren verfolgt. „Eine Persönlichkeit bis ins hohe Alter", resumiert Robert Wieler. 1995 starb Gertrud Liebermann.

Gret Arnoldsen (ein Pseudonym), verwandt mit dem Komponisten Gustav Mahler und dem Dichter Stefan Zweig, ist Richard Liebermann in Noé begegnet. Die Worte, die er in seinem Buch „Silence, on tue" (Ruhe, man tötet) für den Künstler gefunden hat, seien als Schluß zitiert: „Eine der Personen in Noé, die von der Natur am meisten benachteiligt waren, der Malerkünstler Liebermann, war gleichzeitig eine der innerlich reichsten. Er gebot Bewunderung nicht nur durch seine Kunst, sondern vor allem durch den Mut, mit welchem er eine angeborene Behinderung besiegt hatte: er war von Geburt an taubstumm. Trotz dieser schweren Beschränkung verkehrte er fast normal mit den Andern. Er las fließend von den Lippen des ihn Ansprechenden und sprach selber mit einer Kehlkopfstimme, die er sich in jahrelanger Geduld und Anstrengung angeeignet

Von Richard Liebermann gemalt: Innenansicht des Lagers in Noé von 1942

hatte. Man gewöhnte sich schnell an diese Stimme und konnte dadurch bald erraten, welche Reichtümer unwiderruflich verloren gewesen wären, wäre es ihm nicht gelungen, sie zu äußern. Welches Erlebnis, das Dasein dieses Menschen! Welches Erlebnis, gleicherweise für jene, die ihm beistanden in seiner Entwicklung; wahrhaftiges Abenteuer, unauffindbar weder im Wilden Westen noch auf dem Mond!
Im Laufe von langen Unterhaltungen über seine künstlerischen, ethischen und religiösen Ansichten zeigte er mir, wieviel das Wissen und die Gedanken eines von soviel grausamem Ungemach betroffenen Opfers einen Menschen bereichern konnten, dem es gut ging, da im Besitz aller seiner Fähigkeiten.

Wenn meine Unkenntnis in Malerei mir jegliches Urteil verbietet, so bleibt doch eine Sache gewiß: der Mensch Liebermann selbst war ein Meisterwerk, die Frucht des Willens und der Beharrlichkeit". (Übersetzung Hanna Meyer-Moses)

Quellen:
Interviews;
Dokumente;
Arnoldsen, Gret: „Silence, on tue", Paris (ohne Jahreszahl);
Bejarano, Esther: „Man nannte mich Krümel", Hamburg, 1991;
Mittag, Gabriele: „Es gab Verdammte nur in Gurs", Tübingen 1996;
Schachne, Lucie: „Erziehung zum geistigen Widerstand – das jüdische Landschulheim Herrlingen 1933–1945", Frankfurt, 1986.

Als Christin geboren und jüdisch geworden

Rosa Bredig aus Nördlingen

Mit den Juden in den Tod

Es gibt nicht mehr viele Leute, die sich an Rosa Bredig erinnern. Sie soll eine kleine Person gewesen sein, fast bucklig. Als Mensch jedoch ist sie groß gewesen.
Rosa Bredig war die Tochter von Taglöhnern. Neun Söhne und Töchter hatten Jakob Friedrich und Eva Maria Schmider, die Eltern. Sie war das jüngste Kind. Geboren wurde sie am 31. Mai 1861 in Hinterlangenbach bei Baiersbronn im Schwarzwald. Rosa wurde sie von allen gerufen, getauft war sie auf den Namen Rosina. Jawohl, getauft! Jüdisch wurde sie erst viel später, 1910. Der Übertritt vom evangelischen zum jüdischen Glauben erfolgte anläßlich der Verheiratung mit dem jüdischen Handelsmann Leo Bredig aus Kleinerdlingen, geboren am 25. November 1885 in Posen. Wie und wo sich die beiden kennengelernt haben, läßt sich nicht mehr feststellen. Getraut worden sind sie in Nördlingen am 28. Dezember 1910. Die Ehe war kurz. Bereits im August 1913 verstarb Leo Bredig.
In der Heiratsurkunde wird Rosa Schmider als „ledige Händlerin" bezeichnet. Nördlinger kennen die Frau nur als Krankenschwester, und mit diesem Beruf ist sie auch in alten Adreßbüchern verzeichnet. Sie pflegte Juden wie Nichtjuden, besorgte – wo die Hausfrau ans Krankenlager gefesselt war – offenbar auch vorübergehend den Haushalt mit. Beim Roßhändler Mayer, bei Aschers, bei Eisenmanns beispielsweise soll sie gepflegt und geholfen haben. Gewohnt hat sie mal Am Brettermarkt 10, dann in der Deininger Straße 15, in der Löpsinger Straße 25 und ab 1940 Am Grünen Meer 1.
Wie alle Jüdinnen muß Rosa Bredig im Dritten Reich den Vornamen Sara annehmen. Mit zittriger Hand – sie ist damals schon 77 Jahre alt – unterschreibt sie am 26. März 1939 in Nördlingen, daß sie den Vornamen stets führen muß. Die Übersendung von Rosa Bredigs Kennkarte ans Landratsamt Freudenstadt bringt eine mysteriöse Angelegenheit ans Tageslicht: daß sie nämlich amtlich gar nicht mehr lebt. Hat doch das Amtsgericht Freudenstadt die Rosina Schmider (so ihr Mädchenname) sowie ihren Bruder Jakob am 15. Mai 1901 für tot erklärt, weil beide als verschollen galten. Ist Rosa seitdem niemals mehr mit ihrer Familie in Verbindung getreten? Die Toterklärung ist jedenfalls in den Unterlagen des Standesamts unkorrigiert geblieben. Andererseits besteht kein Zweifel, daß Rosina Schmider und Rosa Bredig ein und dieselbe Person sind.
Am 6. August 1942 wird Rosa Bredig mit anderen Nördlingern nach Theresienstadt deportiert. Max Lehman aus Nördlingen, der das Dritte Reich in England überlebt hat und nach dem

Zweiten Weltkrieg Amerikaner geworden ist, schreibt 1980 einen Brief an das Leo-Baeck-Institut in New York. Darin teilt er mit, daß die Nazis Rosa Bredig 1942 die Wahl gelassen hätten, zum christlichen Glauben zurückzukehren. Lehman: „Sie lehnte es stolz ab, sie lebe ihr ganzes Leben lang mit und unter Juden und werde nun mit ihnen sterben." Das hat sie wahrgemacht. „Verschollen" heißt es in den amtlichen Listen hinter ihrem Namen.
Ernst Eisenmann in Israel antwortete, nach Rosa Bredig gefagt: „Ein ausgesprochen lauterer Charakter." Den hat diese Frau 1942 wahrhaftig unter Beweis gestellt.

Quellen u. a. :
Auskünfte von Max Lehman u.a.;
Stadtarchiv Nördlingen;
Standesamt Baiersbronn / Schwarzwald;
Keßler, Hermann: „Die jüdische Gemeinde in der Stadt Nördlingen 1860–1942"; Nördlingen.

Ein verfolgter Kirchenmann

Auf der Nationalsynode am 27. September 1933 wurde beschlossen, für die gesamte Deutsche Evangelische Kirche einen Arierparagraphen einzuführen. Geistlicher oder Kirchenbeamter sollte nur sein können, wer nicht jüdischer Abstammung war. Im Gegensatz zu anderen Landeskirchen ist dieser Beschluß in Bayern nicht befolgt worden. Die bayerische Landeskirche hat versucht, Pfarrer jüdischen Blutes zu schutzen. Stellvertretend für andere nichtarische Geistliche in Schwaben wird hier der Lebensweg des Vikars Schröter beschrieben.

Wolfdietrich Schröter aus Augsburg

Als Halbarier für Deutschland gefallen

Am 1. Mai 1938 erhält die evangelische St. Markus-Gemeinde in Augsburg-Lechhausen einen neuen Stadtvikar: Wolfdietrich Schröter. Er stammt aus einer evangelischen Münchner Familie. Der Vater ist Philosoph, Privatgelehrter und Dozent an der Technischen Hochschule, die Mutter Hildegard ist eine Tochter von Moritz Guggenheimer und dessen Frau Helene.

Ein Wort zu Moritz Guggenheimer: Der Bankier (1825–1902) ist in Harburg im Ries geboren und eine umtriebige Persönlichkeit gewesen. Er ist in München Mitgründer der Bayerischen Vereinsbank, Mitinhaber der Manufakturwaren-Großhandlung Bernhard S. Guggenheimer sowie des Bankhauses Gebrüder Guggenheimer & Co, Handelsrichter, von 1869–1873 Präsident der Handels- und Gewerbekammer für Oberbayern und bekleidet auch Ämter in der Israelitischen Kultusgemeinde. Darüber hinaus ist der königlich-bayerische Herr Kommerzienrat auch noch Handelsrichter und Vorsitzender des Kollegiums der Gemeindebevollmächtigten. In die Zeit seiner kommunalpolitischen Tätigkeit fallen für die Zukunft Münchens wichtige Entscheidungen. Ein Mann also, der sich um Bayerns Landeshauptstadt verdient macht. Wie er ist auch seine Frau mosaischen Glaubens.

In einem Lebenslauf schreibt der 1913 geborene Enkel des Moritz Guggenheimer, daß er von der Familie her nicht eigentlich aus einer christlichen, sondern aus einer philosophischen Welt herkomme. Sein Entschluß, Diener der Kirche Jesu Christi werden zu wollen, sei schon im Alter von zwölf Jahren gereift. Selbst über seinen inneren Weg zu diesem Entschluß liegt Auskunft vor: „Die erste für mich entscheidende Begegnung mit der Kirche erlebte ich in meinem 9ten Lebensjahr in dem von mir freiwillig besuchten Religionsunterricht der Volksschule. ... Da meine ältere Schwester ... sich konfirmieren lassen wollte, wurden alle drei Geschwister ... 1925 ... im elterlichen Haus getauft. ... Von großer Wichtigkeit wurde für mich meine eigene Konfirmationszeit. ... Meine Absicht, Pfarrer zu werden, die verborgen in mir schon seit meinen ersten Gymnasial-

jahren ruhte, wurde in mir jetzt immer wirksamer bestärkt. ... Als ich dann aber als Halbarier von dem Dienst in der SA und im Arbeitsdienst, der mir um meiner als des deutschen Studenten Ehre willen notwendig erschien, ausgeschlossen wurde, kam eine erste schwere Spannung in mein Leben. Ich lernte damals in der eigenen Familie, aber auch darüber hinaus im Blick auf sehr viele andere deutsche Schicksale die andere Seite jenes 'Erlebnisses' in bitterer Weise verspüren."
Schröter studiert Theologie in Bethel, Tübingen und Erlangen. 1936 bewirbt er sich darum, in die Liste der Anwärter für das geistliche Amt aufgenommen zu werden. Korrekt merkt er in seinem Schreiben an, daß er „Halbarier (Mischling 1. Grades)" ist. Schröter wird als Anwärter angenommen. Jedoch nicht ohne Vorbehalt. Und in Bezug auf eine mögliche Eheschließung wirkt das kirchliche Antwortschreiben wie von vorauseilendem Gehorsam bestimmt: „Die Aufnahme in die Liste ist selbstverständlich ohne jede Bedeutung, wenn eine spätere Gesetzgebung Ihre amtl. Tätigkeit als Pfarrer unserer Kirche unmöglich machen sollte. Auch für den Fall Ihrer Verheiratung teilen wir Ihnen jetzt schon mit, daß nach dem gegenwärtigen Stand der Gesetzgebung Sie zu Ihrer Eheschließung, wenn die Braut deutschen od. artverwandten Blutes od. auch ein jüdischer Mischling ist, der Genehmigung des Reichsministers des Innern u. des Stellvertreters des Führers od. der von diesen benannten Stelle bedürfen."
1938 kommt Schröter nach Vikarstellungen in München, Obristfeld (Oberfranken) und Gallneukirchen (Österreich) nach Augsburg-Lechhausen. Seine Arbeit dort findet Anerkennung. Dekan Bogner 1939 in einer Beurteilung Schröters: „Seine Predigten arbeitet er sehr gründlich und sorgfältig vor. ... Die Gemeindearbeit scheint ihm besondere Freude zu bereiten, in ihr liegt wohl auch seine eigentliche Stärke. Sein Eifer auf dem Gebiet der Hausbesuche darf als vorbildlich bezeichnet werden. Er findet denn auch ein sehr dankbares Echo in der Gemeinde."
Doch die Schatten der Nürnberger Rassengesetze werden länger. Die wachsende Bedrohung Schröters verdeutlicht ein am 8. August 1938 verschicktes Schreiben des Evangelisch-lutherischen Kreisdekans München an die Dekanate des südbayerischen Kirchenkreises:
„Betreff: Arischer Nachweis der Geistlichen:
Vom 1. Januar 1939 ab werden nicht arische Geistliche vom staatlichen Religionsunterricht ausgeschlossen. Es dürfte in Zukunft schwer fallen, Gemeinden für sie zu finden, welche bereit sind, sie zu tragen. Die Dekanate werden aufgefordert, einstweilen festzustellen, um welche Geistliche in ihrem Dekanatsbezirk es sich im einzelnen handelt. Dabei ist Art. 16, III des Schulaufsichtsgesetzes zu beachten: Die Zulassung ist zu versagen, wenn der Geistliche oder sein Ehegatte nicht deutschen oder artverwandten Blutes ist."

Am 16. August 1938 antwortet das Evangelisch-lutherische Dekanat Augsburg:
„Wie dem Dekanat bereits bekannt ist, fällt unser Stadtvikar Wolfdietrich Schröter unter das Gesetz. Seine Mutter ist christliche Volljüdin.
Da er bis 1. X. beim Militär ist, bitte ich veranlassen zu wollen, daß er nicht mehr in die Gemeinde zurückkommt. Es gibt sonst in der arbeitsreichen Winterszeit zu viel Wechsel und ich würde es dem treuen Schröter auch wünschen, daß er auf seine, ihm lieb gewordene Tätigkeit hier zurücksehen kann, ohne daß er hier das Unangenehme des Angefeindetwerdens ertragen muß."
Der Landeskirchenrat gibt dem Ersuchen aus Augsburg nicht statt. Antwortschreiben vom 5. Oktober 1938 aus München:
„Wir sind aus grundsätzlichen Erwägungen nicht in der Lage, das Stadtvikariat bei St. Markus ... zum 15. ds. Monats neu zu besetzen bzw. den Stadtvikar Schröter von dort abzuberufen. Wir werden zur Frage der Verwendung nicht rein arischer Geistlicher, für die eine weitere Zulassung nicht zu erwarten ist, demnächst grundsätzlich Stellung nehmen müssen. Diese Stellungnahme hat Schröter auf seiner derzeitigen Stellung abzuwarten. Es ist eine Pflicht der christlichen Liebe, den jungen Amtsbruder so lange zu tragen, bis über sein Lebensschicksal entschieden ist."
Am 27. August 1939 wird Schröter zur Wehrmacht einberufen. Obwohl er bereits die feldgraue Uniform der Wehr-

In Wehrmachtsuniform: Pfarrvikar Wolfdietrich Schröter
Foto: Landeskirchliches Archiv

macht trägt, unterzieht er sich im Februar 1940 der Anstellungsprüfung und besteht sie mit der Note „gut". Die letzte Feldpostkarte, die er dem Dekan Wilhelm Bogner (1897-1946) in Augsburg sendet, schließt er mit dem Hinweis auf den Brief des Paulus an die Römer 8, 18 im Neuen Testament: „Denn ich halte es dafür, daß dieser Zeit Leiden der Herrlichkeit nicht wert sei, die an uns soll offenbar werden."
Am 9. Juni 1940 fällt Wolfdietrich Schröter an der Westfront. Er wird schwer verletzt, als seine Kompanie nach dem Sturm auf das Schloß Crouty

an der Aisne in starkes Artilleriefeuer gerät. Wie der junge Geistliche im Feldlazarett gestorben ist, überliefert ein Kamerad, der Theologiestudent Wilhelm Nicol aus Rummelsburg. Er schildert im November 1940 für die Kriegschronik der Pfarrei St. Markus in Lechhausen: „Es ist vielleicht bemerkenswert, wenn ich berichte, daß ich an jenem 9./10. Juni in demselben Raum, in dem Pfarrer Schröter sein Leben ließ, nachdem er durch deutsche Artillerie verwundet worden ist, verwundet lag. Ich habe sein Sterben nicht wach miterlebt, sondern in dieser Stunde gerade geschlafen, habe mir aber von anderen verwundeten Soldaten am nächsten Tag sagen lassen, er habe laut gebetet, habe keinen Schmerzenslaut von sich gegeben und sei tapfer gestorben, 'weil er ein Pfarrer war'. Sein Sterben hat einen großen Eindruck auf die anderen Verwundeten gemacht."

In München erscheint kurz darauf eine kleine Schrift: „Die zwei letzten Predigten von Wolfdietrich Schröter, Stadtvikar bei St. Markus in Augsburg-Lechhausen ... Gedruckt als seine Erinnerungsgabe für seine von ihm so geliebten Gemeinden." Schröters Freund und Kompaniekamerad, der Pfarrer Grashey, verteilt in der Kompanie 120 Exemplare. Dem Landesbischof Meiser schreibt er in einem Brief: „Ich schaue jetzt nach fast drei Monaten auf den Verlust dieses lieben Freundes umso getroster zurück, als ich von seinem Vater weiß, daß ihn sein Tod davor bewahrt hat, den größten Schmerz des unfreiwilligen Abschieds von seinem über alles geliebten Beruf erleben zu müssen. So hat Gott ihm das Schwerste erspart."

*

Eine Anmerkung noch zu dem in diesem Kapitel erwähnten Augsburger Dekan Bogner. Er gehörte der Bekennenden Kirche an, die den nationalsozialistisch geprägten Deutschen Christen in der Evangelischen Kirche entgegentrat. Sie wandte sich u.a. gegen die Anwendung des Arierparagraphen in der Kirche. Bogner wurde im Dritten Reich dreimal verhaftet. Nach dem Zweiten Weltkrieg in die Kirchenleitung nach München berufen, starb er Ende 1946 bei einem Verkehrsunfall. „Eine Säule des Widerstandes" und einen „Kämpfer für seine Kirche mit einem Bekennermut ohnegleichen" nannte ihn Landesbischof D. Meiser in der Trauerrede am 13.12.1946.

Quellen:
Evangelisches Landeskirchliches Archiv Nürnberg;
Pfarrarchiv St. Markus Augsburg-Lechhausen;
Katalog der Wanderausstellung „...wo ist dein Bruder Abel? – 50 Jahre Novemberpogrom", Nürnberg, 1988;
Katalog „Ein fast normales Leben – Erinnerungen an die jüdischen Gemeinden Schwabens", Augsburg, 1995."

Ein Gesetz, das Liebenden Leid brachte

Mit dem „Gesetz zum Schutz des deutschen Blutes und der deutschen Ehre" erreichte der nationalsozialistische Rassenwahn einen traurigen Höhepunkt. Das Gesetz hat unendlich viel Leid über zahlreiche Menschen gebracht. Es zerstörte Lebenspläne, Ehen, Verlöbnisse, Liebesbeziehungen zwischen jüdischen und nichtjüdischen Partnern. Männer und Frauen, die sich schon jahrelang liebten, sahen sich plötzlich der „Rassenschande" angeklagt. In den Gerichtsberichten wurden die Liebesleute meist mit Namen genannt und auf diese Weise an den Pranger gestellt. Erlassen wurde das Gesetz am 15. September 1935, in Memmingen (und auch anderswo) aber schon vorher praktiziert:

„Standesamt verweigert die Trauung"

„In Nr. 158 unseres Blattes mußten wir berichten, daß der Halbjude Alfons Johann S., Viehhändler in Memmingen, mit dem deutschen Mädchen *** von Babenhausen die Ehe eingehen will. Wir haben bereits gegen diese beabsichtigte Rasseschändung des Halbblutjuden Stellung genommen und zum Ausdruck gebracht, daß die deutschbewußte Bevölkerung das Gelingen dieser Heirat nicht verstehen könnte. Halbjude S. wollte nun in Kürze Hochzeit feiern. Aber um diese Rasseschändung zu verhindern, hat das Standesamt Memmingen dem Halbjuden bereits mitgeteilt, daß es eine Trauung mit einem deutschen Mädchen verweigern wird. Recht so! Denn wir dulden es nicht, daß im nationalsozialistischen Staat noch Bindungen eingegangen werden, die Art und Sitte widersprechen. Wir empfinden dies sogar als eine Herausforderung der gesamten Bevölkerung und müssen uns nur wundern, wie sich ein deutsches Mädchen hergeben könnte. Ein Glück, daß das Standesamt die Trauung abgelehnt hat. Auch in Babenhausen, dem Wohnsitz des Mädchens, wird die Trauung vom Standesamt abgelehnt."

„Allgäuer Beobachter" Memmingen vom 20.7.1935

„Der Rasseschänder E. verurteilt"

„Der 30 Jahre alte Jude Siegfried E., gebürtig in Kriegshaber bei Augsburg, wurde in der Dienstagsitzung der 2. Strafkammer des Landgerichts München I wegen eines fortgesetzten Verbrechens gegen das Gesetz zum Schutz des deutschen Blutes und der deutschen Ehre zur Gefängnisstrafe von sechs Monaten verurteilt. E. befindet sich seit Mitte Oktober vergangenen Jahres in Untersuchungshaft. Die Haft wurde angerechnet.
Seit 1934 unterhielt der Jude ein rasseschänderisches Verhältnis mit einem heute 20 Jahre alten Mädchen arischen Blutes. Er hielt dieses Verhältnis auch noch nach Inkrafttreten des genannten Gesetzes aufrecht.

Der jüdische Verteidiger versuchte mit allen Mitteln, die Milde der Richter auf seinen Mandanten herabzubeschwören, der während der ganzen Verhandlung händeringend und, in seinen eigenen Tränen geradezu aufgeweicht, das abstoßende Bild eines Schwächling in Mannskleidern bot. Sämtliche angeblichen Verdienste, die sich jüdische Prominente vom Mittelalter bis zur Neuzeit um den Augsburger Vorort Kriegshaber erworben haben sollen, mußten herhalten, damit der Schänder deutschen Blutes in ihrem Schatten wandeln konnte; selbst „die schönen Renaissance-Grabmäler" auf dem jüdischen Friedhof in Kriegshaber, der Heimat des Angeklagten, sind, wenn man dem Verteidiger glaubt, nur dazu geschaffen worden, die „Unschuld" des Juden E. nachzuweisen.
Ein Trost: Der Jude E. wandert nach Palästina aus, wenn er seine Strafe verbüßt hat. Die Devisen hat er schon. Gute Reise!"
Neue Nationalzeitung Augsburg vom 2. 2. 1936

„Rasseschänderisches Verhältnis mit Juden"

„Der 27 Jahre alte Otto P. aus Augsburg hatte sich wegen Verbrechens der Rassenschande vor der Großen Strafkammer des Landgerichts Augsburg zu verantworten. Er wurde am 17. Oktober 1935 verhaftet, weil er im dringenden Verdacht stand, mit der 26 Jahre alten *** von hier das seit vier Jahren bestehende Liebesverhältnis auch nach Erlaß der Nürnberger Gesetze fortgesetzt zu haben. P. bestritt in der Verhandlung, sich in dieser Weise strafbar gemacht zu haben. Dagegen hatte seine ehemalige Geliebte in der Voruntersuchung ein gegenteiliges Geständnis abgelegt. Sie hatte zugesagt, daß sie das sträfliche Verhältnis mit P. auch nach dem 15. September 1935 fortgesetzt hat. Offenbar von irgendeiner Seite beeinflußt, widerrief sie das Geständnis, das sie später auch dem Ermittlungsrichter gegenüber abgelegt hatte. In der Verhandlung vor dem Landgericht Augsburg verwickelte sich jedoch die Zeugin in zahlreiche Widersprüche, leugnete sogar nebensächliche Momente, die ihr verflossener Geliebter ohne weiteres zugab. Das Gericht konnte ihren Angaben unter diesen Umständen keinen Glauben schenken, ebensowenig der Darstellung des hartnäckig leugnenden Angeklagten.
Bei dem ganzen Ergebnis der Beweisaufnahme konnte nicht der geringste Zweifel bestehen, daß der Jude P. das Verhältnis mit seiner Geliebten mindestens bis September 1935 fortgesetzt hat. Wegen Verbrechens der Rassenschande wurde P. zur Gefängnisstrafe von zehn Monaten verurteilt, abzüglich dreieinhalb Monate Untersuchungshaft. Haftdauer wurde angeordnet. Der Staatsanwalt hatte eineinhalb Jahre Zuchthaus beantragt. Das Gericht berücksichtigte jedoch als strafmildernd,

daß die Zeugin schon Jahre vor Erlaß der Nürnberger Gesetze durch den Angeklagten rassisch verdorben war."
Neue Nationalzeitung Augsburg vom 17. 3. 1936

*

Nachdem er seine Strafe verbüßt hat, flieht Otto P. in die Tschechoslowakei. Verwandte verstecken ihn dort. Nach den Angaben seiner Schwester ist er später deportiert worden.
Auch die Zeugin ***, schon vor Hitlers Machtergreifung 1933 mit Otto P. verlobt, lebt nicht mehr. Aber sie hat Papiere und Dokumente hinterlassen, die von einem Verwandten aufbewahrt worden sind. Aus diesen wird deutlich, wie im Dritten Reich mit Beteiligten an Rasseschande-Prozessen umgegangen worden ist:
Unter den Papieren befinden sich die Schulabschluß-Zeugnisse. Sowohl in dem der Volkshauptschule Wittelsbach in Augsburg von 1924 als auch in dem der Berufsfortbildungsschule von 1926 finden sich ausschließlich die Noten „lobenswert" und „hervorragend". *** erlernt dann den Beruf einer Modistin. Das Kaufhaus Landauer stellt sie ein. Dort ist auch Otto P. beschäftigt. Die beiden verlieben und verloben sich.
Dem Prozeß 1936 gehen zehn Tage Untersuchungshaft und stundenlange Verhöre voraus. Teilweise kommen die Kriminalpolizisten ins Kaufhaus und holen *** von ihrem Arbeitsplatz zu Vernehmungen. Sie nennen sie „Hure" und schimpfen „Mensch, kannst du nicht verrecken". „Es fiel mir auf, daß ich ... meist dann zu Verhören vorgeladen bzw. geholt wurde, wenn ich meine Menstruation hatte. Was sie damit bezwecken wollten, ist mir nicht ganz erklärlich, vielleicht um in meinem krankhaften Zustande aus mir etwas leichter herauspressen zu können, das für sie später von Vorteil sein könnte", schreibt *** nach dem Krieg in einem Bericht für die amerikanische Militärregierung.
Nach dem Prozeß verliert *** den Arbeitsplatz. Das große Kaufhaus der jüdischen Brüder Landauer (heute Zentralkaufhaus) ist inzwischen „arisiert" worden. Der neue Chef, Albert Golisch, will die tüchtige Verkäuferin weiterbeschäftigen. Doch der Vertrauensrat der Firma setzt die fristlose Entlassung durch. In Landshut findet *** eine weniger gut bezahlte Stellung. „Durch die damaligen immerwährenden Kreuzverhöre in der gemeinsten Weise während meiner 10tägigen Untersuchungshaft kam ich seelisch ganz herunter und war daraufhin mehrere Monate krank und arbeitsunfähig", heißt es in einem Schreiben. *** erleidet Nervenzusammenbrüche, den ersten zwei Jahre nach den Aufregungen. Ein Arzt führt ihn auf die „unverantwortliche Behandlung während meiner Menstruation zurück". Nach dem zweiten Zusammenbruch wird sie aus dem Landshuter Krankenhaus in die Heil- und Pflegeanstalt Mainkofen überwiesen. ***: „Eine Entlassung von dort wäre wohl nie mehr in Frage gekommen, wenn nicht meine Mutter auf Drängen

der dortigen Anstaltsverwaltung hin ihre schriftliche Einwilligung dazu gegeben hätte, daß sie mich sterilisieren können". Das geschieht im August 1939. *** wird nie wieder ganz gesund. Sie wird während und nach der Zeit des Dritten Reichs mehrfach auch in der Heil- und Pflegeanstalt Kaufbeuren behandelt.

*

Später beantragt *** Wiedergutmachung. Diese wird abgelehnt. Im Bescheid vom 22.9.1953 bezieht sich das Bayerische Landesentschädigungsamt auf ein Urteil aus nationalsozialistischer Zeit, gefällt von einem der – von den Nationalsozialisten geschaffenen – Erbgesundheitsgerichte: „Lt. Beschluß des Erbgesundheitsgerichtes Deggendorf vom 24.5.1939 wurde die bei der Antragstellerin vorgenommene Sterilisation nicht aus Gründen politischer Überzeugung, der Rasse, des Glaubens oder der Weltanschauung, sondern zur Verhütung erbkranken Nachwuchses durchgeführt. Eine Prüfung der weiteren Voraussetzungen nach dem Entschädigungsgesetz erübrigt sich somit."

*** ist 1969 gestorben.

„Jüdischer Rasseschänder gefaßt"

Neuburg a. d. Donau 16. März

„Ein 35 Jahre alter jüdischer Kaufmann aus München erdreistete sich vor einigen Tagen, in einer abgelegenen Ortschaft im Osten des Bezirks Neuburg einzudringen, um hier sein rasseschänderisches Treiben fortzusetzen, welches er in München mit einem arischen Dienstmädchen begonnen hatte. Der Jude gab sich bei den Angehörigen seiner Erwählten als 'Katholik' aus und fand dadurch Aufnahme in der Familie. Die Kriminalpolizei München war ihm aber bereits auf die Spur gekommen und schon am ersten Tag wurde der Jude durch die Gendarmerie Karlshuld aus seinem Versteck abgeholt und dahin gebracht, wo ihm Gelegenheit gegeben wird, über sein rassenschänderisches Treiben nachzudenken. Auch das pflichtvergessene deutsche Mädchen wurde gleich mitgenommen.
Allen denjenigen, die da glauben, das Gesetz zum Schutze des deutschen Blutes und der deutschen Ehre stehe nur auf dem Papier, diene dieser Fall neuerlich als Warnung."

Neue Nationalzeitung Augsburg vom 17.3.1936

Die Nürnberger Rassengesetze

Gesetz „zum Schutze des deutschen Blutes und der deutschen Ehre"

Durchdrungen von der Erkenntnis, daß die Reinheit des deutschen Blutes die Voraussetzung für den Fortbestand des deutschen Volkes ist, und beseelt von dem unbeugsamen Willen, die deutsche Nation für alle Zukunft zu sichern, hat der Reichstag einstimmig das folgende Gesetz beschlossen, das hiermit verkündet wird.

§ 1

1. Eheschließungen zwischen Juden und Staatsangehörigen deutschen oder artverwandten Blutes sind verboten. Trotzdem geschlossene Ehen sind nichtig, auch wenn sie zur Umgehung dieses Gesetzes im Auslande geschlossen sind.
2. Die Nichtigkeitsklage kann nur der Staatsanwalt erheben.

§ 2

Außerehelicher Verkehr zwischen Juden und Staatsangehörigen deutschen oder artverwandten Blutes ist verboten.

§ 3

Juden dürfen weibliche Staatsangehörige deutschen oder artverwandten Blutes unter 45 Jahren nicht in ihrem Haushalt beschäftigen.

§ 4

1. Juden ist das Hissen der Reichs- und Nationalflagge und das Zeigen der Reichsfarben verboten.
2. Dagegen ist ihnen das Zeigen der jüdischen Farben gestattet.
Die Ausübung dieser Befugnis steht unter staatlichem Schutz.

§ 5

1. Wer dem Verbot des § 1 zuwiderhandelt, wird mit Zuchthaus bestraft.
2. Der Mann, der dem Verbot des § 2 zuwiderhandelt, wird mit Gefängnis oder mit Zuchthaus bestraft.
3. Wer den Bestimmungen der §§ 3 oder 4 zuwiderhandelt, wird mit Gefängnis bis zu einem Jahr und mit Geldstrafe oder mit einer dieser Strafen bestraft.

§ 6

Der Reichsminister des Innern erläßt im Einvernehmen mit dem Stellvertreter des Führers und dem Reichsminister der Justiz die zur Durchführung und Ergänzung des Gesetzes erforderlichen Rechts- und Verwaltungsvorschriften.

§ 7

Das Gesetz tritt am Tage nach der Verkündung, § 3 jedoch erst am 1. Januar 1936 in Kraft.

Nürnberg, 15. September 1935
(Nach: Reichsgesetzblatt 1935 I, S. 1146)

„Reichsbürgergesetz" vom 15. September 1935

Der Reichstag hat einstimmig das folgende Gesetz beschlossen, das hiermit verkündet wird.

§ 1

1. Staatsangehöriger ist, wer dem Schutzverband des Deutschen Reiches angehört und ihm dafür besonders verpflichtet ist.
2. Die Staatsangehörigkeit wird nach den Vorschriften des Reichs- und Staatsangehörigkeitsgesetzes erworben.

§ 2

1. Reichsbürger ist nur der Staatsangehörige deutschen oder artverwandten Blutes, der durch sein Verhalten beweist, daß er gewillt und geeignet ist, in Treue dem deutschen Volk und Reich zu dienen.
2. Das Reichsbürgerrecht wird durch Verleihung des Reichsbürgerbriefes erworben.
3. Der Reichsbürger ist der alleinige Träger der vollen politischen Rechte nach Maßgabe der Gesetze.

§ 3

Der Reichsminister des Innern erläßt im Einvernehmen mit dem Stellvertreter des Führers die zur Durchführung und Ergänzung des Gesetzes erforderlichen Rechts- und Verwaltungsvorschriften.

Nürnberg, 15. September 1935
(Nach: Reichsgesetzblatt 1935 I, S. 1146)

Mischlinge in Schwaben 1939

Bei der Volkszählung 1939 wurden erstmals in einer amtlichen Statistik Mischlinge erfaßt. Zahlen dieser Art haben die Nationalsozialisten immer interessiert. 1937 zum Beispiel begehrt der Reichs- und preußische Minister für die kirchlichen Angelegenheiten von den Diözesen die Zahl der Judentaufen zu wissen. Der Weihbischof von Augsburg beehrt sich, mitzuteilen, daß „Ihrem Beauftragten gern jede gewünschte Hilfe" zuteil werde. Der Kardinal Bertram, Erzbischof von Breslau, sieht das anders. Mit Abschrift auch nach Augsburg teilt er am 20. Januar 1938 nach Berlin mit, daß die staatlichen Gerichts- und Verwaltungsarchive genügend Auskunft gäben über alles, was die Bevölkerungsbewegung des jüdischen Volkes angehe. „Was sich gelegentlich in Ordinariatsakten findet an pfarramtlichen Gesuchen um Aufnahme von Juden in die Katholische Kirche und um Dispens vom Hindernisse der Religionsverschiedenheit bei Eheschließungen, ... fällt unter die Pflicht seelsorglicher Amtsverschwiegenheit ... und kann daher nicht zur Verfügung gestellt werden."
Wer im übrigen glaubt, daß der Antisemitismus der Nationalsozialisten eine Flut von Judentaufen zur Folge gehabt hätte, der irrt. Die Zahl der Austritte aus der Augsburger Israelitischen Gemeinde ist nach 1933 insgesamt nicht höher als 30 Jahre zuvor:

1911: 5 1917: 3 1929: 1 1939: 3 1940: 3 und ein Wiedereintritt. Ähnlich gering ist in der Diözese Augsburg im gleichen Zeitraum die Zahl der katholischen Taufen von Juden: 33 zwischen 1901 und 1936 .

„Übersicht: Die Juden und jüdischen Mischlinge in den größeren und kleineren Verwaltungsbezirken sowie in den Gemeinden mit 10.000 und mehr Einwohnern"

Reg.Bez. Schwaben	Gesamtzahl						darunter Glaubensjuden					
	Juden		jüdische Mischlinge 1. Grades		jüdische Mischlinge 2. Grades		Juden		jüdische Mischlinge 1. Grades		jüdische Mischlinge 2. Grades	
	Summe	männl.	Summe	männl.	Summe	männl.	Summe	männl.	Summe	männl.	Summe	männl.
Stadtkreise:												
Augsburg	568	245	87	44	41	14	544	238	7	5	–	–
Kempten	28	11	18	10	7	2	25	9	–	–	–	–
Dillingen	–	–	2	2	2	1	–	–	–	–	–	–
Donauwörth	–	–	3	–	–	–	–	–	–	–	–	–
Günzburg	11	4	–	–	–	–	11	4	–	–	–	–
Kaufbeuren	9	4	–	–	1	–	9	4	–	–	–	–
Lindau	6	2	8	1	4	2	4	1	–	–	–	–
Memmingen	69	32	5	3	–	–	68	31	2	2	–	–
Neuburg/D.	–	–	2	–	–	–	–	–	–	–	–	–
Neu-Ulm	26	12	4	2	2	1	22	10	1	1	–	–
Nördlingen	69	31	3	2	4	1	69	31	–	–	–	–
Landkreise:												
Augsburg	96	42	6	3	6	2	93	41	–	–	–	–
Dillingen	5	1	6	3	2	1	4	–	–	–	–	–
Donauwörth	4	2	1	–	–	–	4	2	–	–	–	–
Füssen	–	–	3	1	–	–	–	–	–	–	–	–
Günzburg	215	83	–	–	–	–	215	83	–	–	–	–
Illertissen	30	7	–	–	–	–	30	7	–	–	–	–
Kaufbeuren	2	–	1	–	1	–	1	–	1	–	–	–
Kempten	–	–	3	1	2	–	–	–	–	–	–	–
Krumbach	43	19	1	–	–	–	43	19	–	–	–	–
Lindau	4	3	3	2	5	2	2	1	–	–	–	–
Mkt Oberdf.	–	–	–	–	–	–	–	–	–	–	–	–
Memmingen	21	11	–	–	–	–	21	11	–	-	–	–
Mindelheim	8	3	1	–	–	–	7	3	–	-	–	–
Neuburg/D.	1	1	2	1	–	–	–	-	–	–	–	–

Reg.Bez. Schwaben	Gesamtzahl: Juden		jüdische Mischlinge 1. Grades		jüdische Mischlinge 2. Grades		darunter Glaubensjuden: Juden		jüdische Mischlinge 1. Grades		jüdische Mischlinge 2. Grades	
	Summe	männl.	Summe	männl.	Summe	männl.	Summe	männl.	Summe	männl.	Summe	männl.
Neu-Ulm	–	–	–	–	2	–	–	–	–	–	–	–
Nördlingen	63	20	6	2	–	–	63	20	–	–	–	–
Schwabmün.	4	2	–	–	–	–	3	2	–	–	–	–
Sonthofen	5	3	8	5	7	3	1	–	–	–	–	–
Gem. Sonth.	2	2	–	–	–	–	–	–	–	–	–	–
Wertingen	71	33	2	1	2	1	69	31	–	–	1	1
Reg.Bez. Schwaben	**1358**	**571**	**175**	**83**	**88**	**30**	**1308**	**548**	**11**	**8**	**1**	**1**

Quelle: „Die Bevölkerung des Dritten Reichs und die Ergebnisse der Volkszählung 1939, Heft 4 – Die Juden und jüdischen Mischlinge", Berlin 1944

Was bedeutet...

Affidavit – Das ist eine eidesstattliche Erklärung. Die Vereinigten Staaten von Amerika machten die Einwanderung, selbst wenn es sich um alleinreisende Kinder handelte, von der vor einem Notar abgegebenen Zusicherung eines Bürgen abhängig, im Notfall für den Lebensunterhalt der Emigranten aufzukommen. Der Bürge konnte ein Verwandter oder Bekannter sein. Ohne ein Affidavit gab es kein Visum, aber das Affidavit bedeutete noch keinen Garantieschein für die sofortige Einwanderung nach USA. Jahr für Jahr durfte nur ein bestimmte Zahl (Quote) von Männern, Frauen und Kindern ins Land. Deshalb wurden Wartenummern ausgegeben. Viele deutsche Juden waren längst deportiert und umgebracht worden, als ihre Wartenummer an der Reihe gewesen wäre.

Ambivalenz – Das gleichzeitige Auftreten sich widersprechender Gefühle und Willensregungen.

Approbation – Das ist die staatliche Anerkennung für die Heilberufe, die Voraussetzung für Ärzte, Apotheker, Tiermediziner, um ihren Beruf ausüben zu dürfen.

Arier – abgeleitet vom Sanskrit-Wort Arya (der Edle). Im Sinn des Dritten Reichs war der Arier ein Mensch, der frei von fremdem Rasseerbgut war. Als fremd galten außer den Juden alle eingeborenen Rassen der außereuropäischen Erdteile sowie Zigeuner. Sanskrit ist eine alte indische Sprache.

Assimilation – Angleichung an die gesellschaftliche Umgebung.

Au pair-Mädchen – sind Haushaltshilfen oder Kindermädchen, die für Verpflegung, Unterkunft und Taschengeld in ausländischen Familien sind, um die Sprache des Landes zu lernen. Au pair ist französisch und bedeutet: von gleichem Wert, auf Gegenleistung.

Bar Mizwa – Mit Vollendung des 13. Lebensjahres wird ein jüdischer Junge religiös mündig: Er darf zum ersten Mal das Morgengebet mit den Tefillin (Gebetsriemen) sprechen, wird am Sabbat zum erstenmal mit Tallit (Gebetsmantel) zur Tora aufgerufen und darf zu den zehn Männern gerechnet werden, die als Mindestzahl (Minjan) notwendig sind, um in der Synagoge einen Gottesdienst abhalten zu können. Anläßlich der Bar Mizwa-Feier mit Festmahl und Geschenken wird ihm Gelegenheit geboten, in einer kurzen Rede seine Tora-Kenntnisse zu beweisen. Mädchen werden bereits mit Vollendung des 12. Lebensjahres religiös volljährig. Eine entsprechende Feier (Bat Mizwa) ist erst im 19. Jahrhundert entstanden. Die Bat Mizwa ist der Konfirmation in der Evangelischen Kirche vergleichbar und wurde in fortschrittlichen jüdischen Gemeinden sogar so genannt.

BDM – Abkürzung für den „Bund Deutscher Mädel" in der Hitlerjugend, die nationalsozialistische Organisation für die 14–18jährigen Mädchen. Die Mitgliedschaft war Pflicht. Die 10–14-jährigen Mädchen mußten dem „Jungmädelbund in der Hitlerjugend" (JM) angehören.

Berches – ein aus Hefeteig mit Wasser geflochtener Zopf, der vor dem Backen mit Mohn bestreut wird. Berches buken die Juden zum Sabbat und zu Feiertagen.

Chanukka – achttägiges Lichterfest im November/Dezember. Die heldenhaften Makkabäer besiegten 165 v. Chr. die Seleukiden. Ihr bedeutendster Erfolg war die Wiedereinweihung des verunreinigten Tempels in Jerusalem. Juda, der Anführer der jüdischen Kämpfer, fand in einer Tempelkammer einen Ölkrug mit dem Siegel des Hohenpriesters. Das sich darin befindende Öl reichte aber nur einen Tag für den siebenarmigen Leuchter. Da geschah ein Wunder, es brannte acht Tage lang. Deswegen wird acht Tage lang Chanukka gefeiert und an jedem Abend werden die Chanukkalichter angezündet.

Hachschara – die Vorbereitung und Ausbildung jüdischer Menschen für ein Leben in Palästina. Außer handwerklicher und landwirtschaftlicher Schulung lernten die männlichen und weiblichen Teilnehmer auch die neuhebräische Sprache (Ivrit). Die jungen Leute lebten in Lagern.

Haggada – Das Liturgiebuch, das vom Auszug der Kinder Israel aus Ägypten erzählt. Es wird benutzt am Sederabend, der häuslichen Feier des jüdischen Pessachfestes.

Hitlerjugend (HJ) – Die 1926 gegründete nationalsozialistische Jugendorganisation. Die 10–14jährigen hatten dem Deutschen Jungvolk, die 14–18jährigen der HJ, die Mädchen Jungmädelbund und BDM anzugehören und für die 17–21jährigen gab es noch das BDM-Werk „Glaube und Schönheit". An der Spitze stand der Reichsjugendführer. Die Mitgliedschaft war Pflicht.

Mazzen – ungesäuertes Brot aus Mehl und Wasser. Von Juden statt des üblichen Brots vor allem in der Pessach-Woche gegessen

Organisation Todt (OT) – Eine nach ihrem Leiter, Dr. Fritz Todt, benannte staatliche Bauorganisation. Sie baute vor und während des Zweiten Weltkriegs kriegswichtige Anlagen wie den Westwall an der deutsch-französischen Grenze. Die Angehörigen der militärisch organisierten OT waren olivgrün uniformiert und trugen eine Hakenkreuz-Armbinde.

Pessach – das jüdische Befreiungsfest, Frühlingsfest (März/April). Es erinnert an die Befreiung des Volkes Israel aus der Sklaverei in Ägypten durch Gott.

Pflichtjahr – Ab 1938 mußten im Dritten Reich alle unverheirateten jungen Frauen zwischen 18 und 25 Jahren ein Pflichtjahr in der Land- oder Hauswirtschaft ableisten.

Quäker – Eine im 16. Jahrhundert in England entstandene Religionsgemeinschaft, die sich selbst „Gesellschaft der Freunde" nennt. Sie hat vor allem in Großbritannien und USA Mitglieder. Die Quäker haben strenge Grundsätze, beteiligen sich u. a. nicht an kriegerischen Handlungen oder den Vorbereitungen dazu. Ausgeprägt ist ihr soziales Engagement. Sie traten u. a. für die Sklavenbefreiung und schon früh für die Gleichberechtigung der Frauen ein.

Wie die großen christlichen Kirchen beteiligten sie sich während des Dritten Reichs an der Rettung von Mädchen und Buben durch Kindertransporte ins Ausland. Ältere Deutsche dürften sich auch noch an die in den Hungerjahren nach dem Zweiten Weltkrieg täglich in den Schulklassen verteilte „Quäkerspeise" erinnern – ein Beispiel für das soziale Engagement der „Gesellschaft der Freunde".

Reichsarbeitsdienst (RAD) – 1935 führte das Dritte Reich die Pflicht zum Arbeitsdienst für alle jungen Leute ab 18 Jahren ein. Während der sechs Monate dauernden Zugehörigkeit zum Reichsarbeitsdienst trugen die Arbeitsmänner und Arbeitsmaiden eine braune Uniform mit einer Hakenkreuz-Armbinde und lebten in Lagern. Die Männer wurden u.a. beim Straßenbau und zur Entwässerung von Mooren eingesetzt, die Frauen meist auf Bauernhöfen.

Säkularisation – bedeutet in diesem Buch, daß kirchlich geführte Einrichtungen nicht weitergeführt werden durften, sondern im Sinne des Dritten Reichs betrieben wurden.

Überlebenssyndrom – ein zwanghaftes Schuldgefühl vieler jüdischer Überlebender der nationalsozialistischen Verfolgung. Angesichts der vielen ermordeten Angehörigen, Freunde, Bekannten quälte sie die Frage, wieso sie dem gleichen Schicksal entgangen waren.

Zwangsarbeit – Nach dem November-Pogrom 1938 mußten viele der um ihre Berufe gebrachten jüdischen Männer ihnen zugewiesene, ganz gering entlohnte Arbeiten verrichten. Sie waren bei Straßenbau- und Straßenreinigung, in Ziegeleien, Baufirmen, Gärtnereien usw. tätig. Die meisten durften abends nach Hause zurückkehren. Im damaligen Regierungsbezirk Schwaben-Neuburg bestand aber zumindest in Kreuth bei Neuburg ein kleines Lager. Während des Krieges wurden auch jüdische Frauen zu Zwangsarbeiten in Rüstungsbetrieben herangezogen. So produzierten einige Dutzend von ihnen in der Ballonfabrik Augsburg Fesselballons für die Abwehr feindlicher Flugzeuge. Viele Juden und Jüdinnen leisteten Zwangsarbeit bis zu ihrer Deportation in die Vernichtungslager. Als gegen Kriegsende Arbeitskräfte immer knapper wurden, holten die Nazis auch jüdische Mischlinge zum Zwangseinsatz. Männer aus Schwaben beispielsweise mußten in Wommen bei Eisenach, in Tiefenort an der Werra und in Jena am Bau unterirdischer Anlagen mitwirken.

Weitere benutzte Quellen

Archive:
Archiv des Bistums Augsburg;
Archiv des Dekanats Augsburg;
Bundesarchiv Potsdam;
Caritas-Archiv Augsburg;
Bayerisches Hauptstaatsarchiv München;
Bayerisches Staatsarchiv Augsburg;
Evangelisches Landeskirchliches Archiv Nürnberg;
Leo-Baeck-Institut New York;
Institut für Zeitgeschichte, München;
Stadtarchiv Memmingen;
Stadtarchiv Nördlingen;
Stadtarchiv Lindau/Bodensee.

Literatur:

Baier, Helmut: „Kirche in Not, Die bayerische Landeskirche im Zweiten Weltkrieg"; Neustadt/Aisch; 1979;

Blau, Bruno „Das Ausnahmerecht für die Juden in Deutschland 1933 – 1945"; Düsseldorf, 1965;

Fauck, Siegfried „Behandlung von deutsch-jüdischen Mischehen" in „Gutachten des Instituts für Zeitgeschichte", Band 2; Stuttgart, 1966;

Graml, H. „Zur Stellung der Mischlinge 1. Grades" in „Gutachten des Instituts für Zeitgeschichte", Band 2; Stuttgart 1966;

Greschat, Martin „Die Haltung der deutschen evangelischen Kirchen zur Verfolgung der Juden im Dritten Reich" in Büttner, Ursula (Herausgeberin) „Die Deutschen und die Judenverfolgung im Dritten Reich"; Hamburg 1992;

Grosse, Heinrich W. (Herausgeber) „Bewährung und Versagen – Die bekennende Kirche im Kirchenkampf"; Berlin, 1991;

Kammer, Hilde/Bartsch, Elisabet „Jugendlexikon Nationalsozialismus"; Reinbek, 1982;

Landeskirchliches Archiv (Herausgeber): „...wo ist dein Bruder Abel? – 50 Jahre Novemberpogrom" (Ausstellungskatalog); Nürnberg, 1988;

Lauber, Heinz: „Judenpogrom: 'Reichskristallnacht' November 1938 in Großdeutschland"; Gerlingen, 1981;

Lekebusch, Sigrid: „Not und Verfolgung der Christen jüdischer Herkunft im Rheinland"; Köln, 1995;

Nellessen, Bernd: „Die schweigende Kirche – Katholiken und Judenverfolgung" in Büttner, Ursula (Herausgeberin) „Die Deutschen und die Judenverfolgung im Dritten Reich"; Hamburg, 1992;

Niedhart, Gottfried: „Großbritannien als Gast- und Exilland für Deutsche im 19. und 20. Jahrhundert"; Bochum, 1985;

Ophir, Baruch/Wiesemann, Falk: „Die jüdischen Gemeinden in Bayern 1918–1945"; München, 1979;

Poliakov, Léon/Wulf, Joseph: „Das Dritte Reich und die Juden"; Frankfurt/M. 1983;

Röhm, Eberhard/Thierfelder, Jörg: „Juden – Christen – Deutsche", mehrere Bände; Stuttgart 1990–1995;

Scheffler, Wolfgang: „Judenverfolgung im Dritten Reich“; Berlin, 1964;
Schmidt-Klevenow, Kurt: „Mischehen-Vorschriften“; Berlin, 1938;
Schoeps, Julius H. (Herausgeber): „Neues Lexikon des Judentums“; Gütersloh/München 1992;
Stiftung Jüdisches Kulturmuseum Augsburg-Schwaben (Herausgeber): „Ein fast normales Leben“, Ausstellungskatalog; Augsburg 1995;
dtv Brockhaus Lexikon; Mannheim/München 1989.

Erwähnte Personen

Erwähnte Orte

Abkürzungen:
A =Österreich
CAN =Canada
F =Frankreich
GB =Großbritannien
NL =Niederlande
P =Polen
SA =Südafrika

Über den Autor

Der Autor ist Journalist und lebt in Neusäß bei Augsburg im Ruhestand. In seiner Heimatstadt Wuppertal sah er als Kind im November 1938 Brand und Plünderung der Barmer Synagoge, in Trautenau/Riesengebirge begegneten ihm 1944 mehrfach Kolonnen weiblicher KZ-Häftlinge. Anfang 1945 half er, Elendszüge von Schlesiern zu betreuen, die zu Fuß und auf von Pferden gezogenen Wagen vor den sowjetischen Truppen ins Sudetenland flohen. Als Journalisten haben ihn später immer wieder die Verfolgung der Juden im Dritten Reich und Probleme von Minderheiten beschäftigt.
Römer arbeitete u.a. bei Zeitungen in Wuppertal, Darmstadt und Essen. 1971 kam er zur „Augsburger Allgemeinen", wurde deren Chefredakteur und trat Mitte 1994 in den Ruhestand. Für das Zweite Deutsche Fernsehen drehte er die Dokumentationen „Die dunklen Deutschen" (1969) über farbige Mischlinge in der Bundesrepublik und „Adoption oder das Glück, eine Familie zu haben" (1970). 1995 entwarf er das Konzept zur Ausstellung „Ein fast normales Leben", die in der Augsburger Synagoge an die ehemaligen jüdischen Gemeinden in Schwaben erinnerte; er steuerte aus seinem Archiv zahlreiche Bilder und Dokumente bei.

Römers bisherige Bücher:
„Der Leidensweg der Juden in Schwaben" (1982);
„Für die Vergessenen – KZ-Außenlager in Schwaben / Schwaben in Konzentrationslagern" (1984);
„Die grauen Busse in Schwaben" (1986) über das Schicksal von Geisteskranken und schwangeren Ausländerinnen während des Dritten Reichs;
„Die Austreibung der Juden aus Schwaben" (1987);
„Schwäbische Juden – Leben und Leistungen aus zwei Jahrhunderten" (1990);
„Wir haben uns gewehrt – Wie Juden aus Schwaben gegen Hitler kämpften und wie Christen Juden halfen" (1995)